PONS

Mini-Übungsbuch
FRANZÖSISCH

PONS GmbH
Stuttgart

PONS
Mini-Übungsbuch
FRANZÖSISCH

von
Fabienne Schreitmüller

Auflage A1 5 4 3 2 / 2013 2012 2011 2010

PONS Produktinfos und Shop: www.pons.de
PONS Sprachenportal: www.pons.eu
E-Mail: info@pons.de

Redaktion: Christine Lippet
Logoentwurf: Erwin Poell, Heidelberg
Logoüberarbeitung: Sabine Redlin, Ludwigsburg
Titelfoto: Vlado Golub, Stuttgart
Einbandgestaltung: Tanja Haller, Petra Schnur, Stuttgart
Layout: one pm, Petra Michel, Stuttgart
Satz: Digraf.pl - dtp services
Druck und Bindung: Gmähle-Scheel Print-Medien GmbH,
Kriegsbergstraße 14, 71336 Waiblingen-Hohenacker

Printed in Germany.
ISBN: 978-3-12-561743-8

WILLKOMMEN

In **kleinen, unterhaltsamen Lernportionen** trainieren und festigen Sie Ihre Grundkenntnisse in Französisch.

Die Kapitel sind **thematisch aufgebaut** und durch leichte, abwechslungsreiche und spielerische Übungen können Sie die wichtigsten Themen der französischen Sprache **wiederholen und üben**.

Zusätzlich finden Sie im Anhang nützliche und interessante Informationen zu **Land, Leuten und Kultur**.

Eine nach Kapitel geordnete **Vokabelliste** im Anhang hilft Ihnen bei Verständnisschwierigkeiten und kann auch zum gezielten Lernen des Wortschatzes dienen.

Nehmen Sie das kleine Buch auch **unterwegs** mit und nutzen Sie die Pausen zwischendurch, um Französisch zu lernen! Üben Sie häufig und in kurzen Etappen: lieber täglich fünfzehn Minuten als nur einmal pro Woche zwei Stunden.

Viel Spaß und Erfolg beim Französischlernen!

Inhalt

1

Kreuzen Sie an, welcher Artikel passt: **le**, **la** oder **l'**?

	le	la	l'
1. formulaire	☐	☐	☐
2. homme	☐	☐	☐
3. ville	☐	☐	☐
4. nom	☐	☐	☐
5. adresse	☐	☐	☐
6. amie	☐	☐	☐
7. passeport	☐	☐	☐

2

Wer passt zu wem? Verbinden Sie die männliche mit der weiblichen Bezeichnung.

1. un homme	___ **A** une cousine
2. un voisin	___ **B** une amie
3. Monsieur	___ **C** une fille
4. un cousin	___ **D** une voisine
5. un garçon	___ **E** une femme
6. un ami	___ **F** une copine
7. un copain	___ **G** Madame

3

Ergänzen Sie, wenn nötig, die Endungen der folgenden Wörter im Plural.

1. un copain → des copain___
2. un pays → des pays___
3. une amie → des amie___
4. un stylo → des stylo___
5. un voisin → des voisin___
6. un formulaire → des formulaire___

4

Hier sind ein paar wichtige Sätze zu Personalien. Wie lautet das richtige Satzende?

1. Je m'appelle... ☐ **A** Munich. ☐ **B** Christophe.
2. J'habite à... ☐ **A** Hambourg. ☐ **B** l'homme.
3. Je suis né(e) à... ☐ **A** Francfort. ☐ **B** l'adresse.
4. Je suis marié avec... ☐ **A** Patricia. ☐ **B** le cousin.
5. J'habite... ☐ **A** Carine Martinet. ☐ **B** rue de la gare.
6. Je viens... ☐ **A** d'Allemagne. ☐ **B** Allemande.

LÖSUNG

1 **1.** le; **2.** l'; **3.** la; **4.** le; **5.** l'; **6.** l'; **7.** le • **2** 1E; 2D; 3G; 4A; 5C; 6B; 7F •
3 **1.** copains; **2.** pays; **3.** amies; **4.** stylos; **5.** voisins; **6.** formulaires •
4 1B; 2A; 3A; 4A; 5B; 6A

5

Sehen Sie sich die Bilder an und tragen Sie den Buchstaben der richtigen Aussage in die Lücke ein.

A C'est un homme.

B C'est une femme.

C Ce sont des enfants.

D Voici un jeune homme et une jeune femme.

6

Vervollständigen Sie die Sätze mit dem bestimmten oder unbestimmten Artikel.

1. ___ France est ___ beau pays.

2. ___ amie de Marie est mariée.

3. ___ ville de Bordeaux est en France.

4. C'est Julien, ___ cousin de Léa.

5. Jules est ___ jeune garçon.

7

Was müssen Sie ankreuzen, um folgende Angaben auf einem Formular zu machen?

1. Sie heißen Marie.
- **A** Nom : Marie
- **B** Prénom : Marie
- **C** Pays : Marie

2. Sie sind Frau Schmidt.
- **A** Monsieur
- **B** Madame
- **C** Mademoiselle

3. Sie wohnen in der Pariser Straße.
- **A** Ville : Paris
- **B** Adresse : Rue de Paris
- **C** Nom : Paris Hilton

4. Sie sind verheiratet.
- **A** divorcé
- **B** célibataire
- **C** marié

8

Städtequiz: Erkennen Sie folgende Städte? Ergänzen Sie die fehlenden Buchstaben.

1. N I C ___

2. B ___ R D ___ A U X

3. O R L É A N ___

4. L I ___ ___ E

5. L A R ___ C H ___ L L ___

LÖSUNG

5 1D; 2A; 3B; 4C • **6** 1. La, un; 2. L'; 3. La; 4. le; 5. un • **7** 1B; 2BC; 3B; 4C •

8 1. Nice; 2. Bordeaux; 3. Orléans; 4. Lille; 5. La Rochelle

2

1

Verbinden Sie die unbetonten Personalpronomen mit dem passenden betonten Pronomen.

1. ils	___ **A** toi
2. nous	___ **B** eux
3. je	___ **C** lui
4. tu	___ **D** moi
5. il	___ **E** vous
6. vous	___ **F** nous

2

Vervollständigen Sie die Sätze mit dem richtigen betonten oder unbetonten Pronomen, die deutsche Angabe in Klammern hilft Ihnen.

1. ________ êtes M. Hugron ? *(Sie)*

2. Mattéo est avec ________ ? *(euch)*

3. C'est ________ Philippe ? - Oui, c'est ________. *(du / ich)*

4. ________ sommes amis. *(wir)*

5. ______, ___ est en Belgique. *(er / er)*

6. ________, c'est Christine, et ________ ? *(ich / du)*

3

Ergänzen Sie die fehlenden Formen von **être** - *sein*.

1. je suis, tu ____________, il / elle ____________

2. nous ____________, vous êtes, ils / elles ____________

4

Nur eine Reaktion passt. Welche? Kreuzen Sie an.

1. Das Telefon klingelt ...
- **A** C'est toi ?
- **B** Karim Dupont.
- **C** Allô.

2. Zur Begrüßung.
- **A** Ça va.
- **B** Bonjour.
- **C** Au revoir.

3. Auf die Frage: Ça va ?
- **A** Très bien.
- **B** Salut.
- **C** À plus.

4. Jemandem einen schönen Tag wünschen.
- **A** Bonjour !
- **B** Bonne journée !
- **C** Bonne soirée !

5. Zur Verabschiedung.
- **A** Ça va.
- **B** Non.
- **C** Au revoir.

6. Wenn man jemanden kennenlernt:
- **A** Enchanté.
- **B** Marié.
- **C** Soirée.

LÖSUNG

1 1B; 2F; 3D; 4A; 5C; 6E • **2** 1. Vous; 2. vous; 3. toi, moi; 4. Nous; 5. Lui, il; 6. Moi, toi • **3** 1. tu **es**, il / elle **est**; 2. nous **sommes**, ils / elles **sont** • **4** 1C; 2B; 3A; 4B; 5C; 6A

5

Kreuzen Sie in der Tabelle an, ob Sie die Ausdrücke zur Begrüßung oder zur Verabschiedung verwenden können. Vorsicht, in einem Fall ist beides möglich!

	Begrüßung	Verabschiedung
1. bonjour	☐	☐
2. au revoir	☐	☐
3. salut	☐	☐
4. à plus	☐	☐
5. bonne journée	☐	☐
6. à plus tard	☐	☐
7. à demain	☐	☐
8. allô	☐	☐

6

Bringen Sie den kurzen Dialog in die richtige Reihenfolge.

1. Enchantée.
2. Très bien merci et toi ?
3. Ça va. Ah, voici Lucie.
4. Salut Christophe, ça va ?
5. Bonjour Lucie, moi, c'est Thomas.

Richtige Reihenfolge: ______________________

7

Kreuzen Sie die richtige Bedeutung des Satzes an.

1. Ça va.
- **A** Mir geht es gut.
- **B** Mir geht es schlecht.
- **C** Bis morgen.

2. Très bien.
- **A** Sehr erfreut.
- **B** Sehr gut.
- **C** Sehr schlecht.

3. Bien, et toi ?
- **A** Bist du es?
- **B** Tschüss und bis bald!
- **C** Gut und selbst?

4. Ça ne va pas.
- **A** Hier ist Sandra.
- **B** Mir geht es schlecht.
- **C** Mir geht es blendend.

8

Quiz: **Vrai** - *richtig* oder **faux** - *falsch*? Kreuzen Sie an. Schreiben Sie bei falschen Aussagen die Lösung in die Lücke.

1. Im Französischen werden nur Eigennamen groß geschrieben?

A vrai　　**B** faux　　__________

2. Die Höflichkeitsform - *Sie* ist **vous** auf Französisch?

A vrai　　**B** faux　　__________

3. **Il** - *er* und **elle** - *sie* werden im Plural beide zu **elles** - *sie*?

A vrai　　**B** faux　　__________

LÖSUNG

5 Begrüßung: 1, 3, 8; Verabschiedung: 2, 3, 4, 5, 6, 7 • **6** Richtige Reihenfolge: 4-2-3-5-1 • **7** **1A**; **2B**; **3C**; **4B** • **8** **1A**; **2A**; **3B** (ils, elles)

1

Suchen Sie die Verbformen von **être** - *sein* und **avoir** - *haben* in den Wortschlangen und schreiben Sie sie zu dem passenden Pronomen auf die Schreibzeile

1. suissousesestsirmlocgetsommesjfdreêtesdixcosont

je __________, tu __________, il / elle __________,

nous __________, vous __________, ils / elles __________

2. aisfdochezasauevdkavonsfeocvavevevavezdeueonkeushont

j' __________, tu __________, il / elle __________,

nous __________, vous __________, ils / elles __________

2

Suchen Sie die passenden Gegensätze: Groß und klein, nett und böse etc.

1. grand	___ **A** triste
2. intelligent	___ **B** petit
3. gentil	___ **C** laid
4. content	___ **D** bête
5. joli	___ **E** mince
6. gros	___ **F** méchant

3

Welche Aussage passt zur Beschreibung? Kreuzen Sie an.

1. Sophie ist 1,85 m groß.
- **A** Elle est très grande.
- **B** Elle est grosse.

2. Paul hat immer gute Noten in der Schule.
- **A** Il est brun.
- **B** Il est intelligent.

3. Claire und Élodie haben ihre Mutter verloren.
- **A** Elles sont blondes.
- **B** Elles sont tristes.

4. Mein Mann und ich waren im Urlaub. Maintenant, ...
- **A** nous sommes gros.
- **B** nous sommes bronzés.

4

Vervollständigen Sie die Sätze mit der richtigen Endung des Adjektivs, wo nötig.

1. La cousine de Lucie est une femme très intelligent___.

2. J'ai des petit___ lunettes.

3. Paris est une très grand___ ville.

4. Laurent et Sandrine sont jeune___ et joli___.

5. Tu connais bien Luc ? Il est divorcé___ maintenant.

6. Sophie est marié___ et son amie Claire est célibataire___.

LÖSUNG

1 **1.** je **suis**, tu **es**, il / elle **est**, nous **sommes**, vous **êtes**, ils / elles **sont**; **2.** j'**ai**, tu **as**, il / elle **a**, nous **avons**, vous **avez**, ils / elles **ont** • **2** 1B; 2D; 3F; 4A; 5C; 6E • **3** 1A; 2B; 3B; 4B • **4** **1.** intelligente; **2.** petites; **3.** grande; **4.** jeunes, jolis; **5.** divorcé; **6.** mariée, célibataire

5

Beschreiben Sie die Personen auf dem Bild anhand der vorgegebenen Angaben. Denken Sie dabei an die Angleichung der Adjektive!

grand | petit | cheveux frisés | cheveux courts
barbe | lunettes | lunettes de soleil

1. Il est ______

2. Il a ______

3. Elle est ______

4. Elle a ______

6

Lösen Sie das Kreuzworträtsel und tragen Sie die entsprechenden französischen Wörter (männlich) ein.

1. dick - **2.** gemein - **3.** dünn - **4.** dickköpfig - **5.** traurig - **6.** groß - **7.** blöd - **8.** hässlich - **9.** hübsch

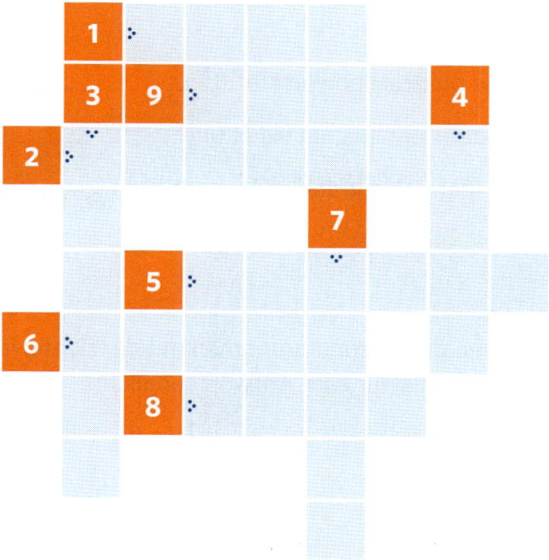

LÖSUNG

5 1. Il est grand.; **2.** Il a les cheveux courts, une barbe et des lunettes.; **3.** Elle est petite.; **4.** Elle a les cheveux frisés et des lunettes de soleil.
• 6 1. gros; **2.** méchant; **3.** maigre; **4.** têtu; **5.** triste; **6.** grand; **7.** idiot; **8.** laid; **9.** joli

1

Diese Familienverhältnisse sind kompliziert. Ergänzen Sie die Sätze mit dem passenden Begriff.

1. La mère de la mère est la ________________.
2. Le père d'un cousin est l' ________________.
3. Le mari de la sœur est le ________________.
4. La femme du beau-père est la ________________.
5. Moi, j'ai deux enfants, un fils et une ________________.
6. Le grand-père et la grand-mère sont les

   ________________.

2

Verbinden Sie die Personalpronomen mit der richtigen Verbform. Es ist jeweils nur eine Antwort möglich!

1. tu	___ A invite
2. elles	___ B regardez
3. nous	___ C habitons
4. j'	___ D travailles
5. vous	___ E téléphonent
6. il	___ F pense

3

Was sagen Sie in den folgenden Situationen? Kreuzen Sie an. Manchmal sind mehrere Antworten richtig.

1. Danke.
- ☐ **A** Merci.
- ☐ **B** Bonjour.
- ☐ **C** Ici.

2. Bitte.
- ☐ **A** S'il te plaît.
- ☐ **B** S'il vous plaît.
- ☐ **C** De rien.

3. Gratuliere!
- ☐ **A** Bonsoir !
- ☐ **B** Félicitations !
- ☐ **C** À demain !

4. Herzlichen Glückwunsch!
- ☐ **A** Bonne journée !
- ☐ **B** Bonjour !
- ☐ **C** Bon anniversaire !

5. Frohe Weihnachten!
- ☐ **A** Bonne soirée !
- ☐ **B** Belle journée !
- ☐ **C** Joyeux Noël !

6. Gutes Neues Jahr!
- ☐ **A** Bon travail !
- ☐ **B** Bonne année !
- ☐ **C** Bon courage !

7. Viel Erfolg!
- ☐ **A** Bonne année !
- ☐ **B** Bon courage !
- ☐ **C** Bonjour !

8. Viel Glück!
- ☐ **A** À plus tard !
- ☐ **B** Oui, beaucoup !
- ☐ **C** Bonne chance !

LÖSUNG

1 **1.** grand-mère; **2.** oncle; **3.** beau-frère; **4.** belle-mère; **5.** fille; **6.** grands-parents • **2** **1**D; **2**E; **3**C; **4**A; **5**B; **6**F • **3** **1**A; **2**ABC; **3**B; **4**C; **5**C; **6**B; **7**B; **8**C

4

Ergänzen Sie die Verben mit der richtigen Endung im Präsens.

1. Nous fêt_______ l'anniversaire de Géraldine.
2. Vous invit_______ aussi les voisins à l'apéritif ?
3. Tu aim_______ la France ?
4. Les parents de Laure habit_______ en Allemagne.
5. On pass_______ demain, d'accord ?

5

Verbinden Sie die Frage mit der passenden Antwort.

1. Tu travailles où ?	___ A Élodie ? Elle a 18 ans.
2. Elle a quel âge ?	___ B Julien et Marc.
3. Comment vous vous appelez ?	___ C Non, dimanche, on est à l'anniversaire de Marie.
4. Vous êtes d'où ?	___ D À la poste.
5. Vous êtes là dimanche ?	___ E Nous sommes de Francfort.

6

Sehen Sie sich die Bilder an. Welche Aussage passt dazu? Tragen Sie den Buchstaben in das Kästchen ein.

A Ils s'embrassent.

B Il apporte des fleurs.

C Ils dansent.

D Ils discutent.

7

Wie sagen Sie es? Kreuzen Sie die passende Aussage an. Mehrfachantworten sind möglich.

1. Wenn Sie 19 Jahre alt sind:
- **A** J'habite au 19.
- **B** J'ai 19 ans.
- **C** Je suis 19.

2. Wenn Sie Zeit haben:
- **A** J'ai le temps.
- **B** J'ai vingt ans.
- **C** J'ai un fils.

3. Wenn Sie jemanden einladen möchten:
- **A** Nous vous invitons ce soir.
- **B** Tu vas bien ?
- **C** Je t'invite.

4. Wenn Sie morgen vorbei kommen wollen:
- **A** Je pense à toi.
- **B** Tu es là demain ?
- **C** Je passe demain.

LÖSUNG

4 **1.** fêtons; **2.** invitez; **3.** aimes; **4.** habitent; **5.** passe • **5** 1D; 2A; 3B; 4E; 5C
• **6** 1D; 2A; 3B; 4C • **7** 1B; 2A; 3AC; 4BC

8

Vervollständigen Sie diese Zahlreihen.

1. un, deux, ____________, quatre
2. huit, ____________, dix, onze
3. trois, ____________, cinq, ____________
4. ____________, quatorze, quinze, ____________
5. dix-huit, dix-neuf, ____________
6. ____________, huit, ____________, dix, ____________

9

Wie lautet das Ergebnis der Rechnung auf Französisch? Kreuzen Sie an.

1. 2 x 5 =
   - A deux
   - B six
   - C dix

2. 6 + 7 =
   - A douze
   - B treize
   - C dix-sept

3. 3 x 5 =
   - A quinze
   - B onze
   - C seize

4. 8 + 6 =
   - A quatorze
   - B treize
   - C seize

10

Ein bisschen Small-Talk? Ergänzen Sie die Minidialoge mit den fehlenden Begriffen. Denken Sie daran, die Verben zu konjugieren.

organiser | présenter | apéritif | petit ami
parents | invitation | frère

1. - Vous passez Noël où ?
- Cette année, nous sommes chez les ____________ de Jérôme.

2. - Ah, c'est ton anniversaire demain ?
- Oui et j' ____________ une petite fête avec des amis. Tu passes si tu veux.

3. - Non, Julie est amoureuse ?
- Oui, elle a un ____________ depuis une semaine !

4. - Vous passez pour l' ____________ samedi ?
- Oui, pourquoi pas.

5. - On est invité chez le ____________ de Géraldine.
- Ah, vous avez toujours des contacts depuis l'école ?

6. - Bonjour, je te ____________ Nicolas – mon ami.
- Enchanté, moi, c'est Laurent.

7. - Vous avez reçu aussi une ____________ ?
- Au mariage de Julie et Christian ? Mais bien sûr !

LÖSUNG

8 **1.** trois; **2.** neuf; **3.** quatre, six; **4.** treize, seize; **5.** vingt; **6.** sept, neuf, onze
• **9** 1C; 2B; 3A; 4A • **10** **1.** parents; **2.** organise; **3.** petit ami; **4.** apéritif;
5. frère; **6.** présente; **7.** invitation

1

Ordnen Sie den Bildern den entsprechenden Begriff zu, indem Sie die Begriffe in die Lücken schreiben.

A se raser | **B** se coiffer | **C** se reposer
D se brosser les dents | **E** s'habiller | **F** se laver

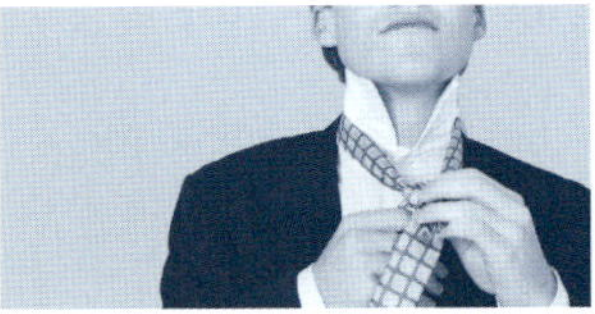

1. ____________

2. ____________

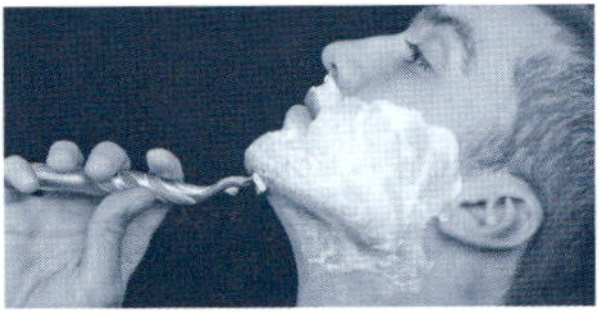

3. ____________

4. ____________

5. ____________

6. ____________

2

Setzen Sie die richtigen Reflexivpronomen in die Sätze ein.

1. Odile ______ maquille tous les jours.
2. Tu ______ lèves tard le week-end ?
3. Comment vous ______ appelez ?
4. Aujourd'hui, je ______ couche tôt, je suis très fatigué.
5. Les enfants ______ amusent beaucoup.
6. Nous ______ promenons.

3

Bringen Sie den Tagesablauf in die richtige Reihenfolge.

1. Je vais au travail.
2. Je me lève tôt.
3. Le soir, je rentre tard, je suis épuisée.
4. Je me lave, me coiffe et m'habille.
5. Je mange, je regarde la télé et je me couche assez tôt.
6. Je mange avec des collègues à la cantine.

Richtige Reihenfolge: ______________

LÖSUNG

1 **1**E; **2**F; **3**A; **4**B; **5**D; **6**C • **2** **1.** se; **2.** te; **3.** vous; **4.** me; **5.** s'; **6.** nous •
3 Richtige Reihenfolge: 2-4-1-6-3-5

4

Ganz schön durcheinander! Kreisen Sie die Formen des Verbs **aller** – *gehen / fahren* ein.

t r a v a i l l e s v e u x v a i s v i s p e n s e z v v o

v a s s s o m m e s o n t o n t m a q u i l l e a v o n s

v a t r e g a r d e n t a l l e a l o n s a l l o n s t é l é

t é l é p h o n e s v u a l l e z o n t v o i s v o n t s o i

5

Vervollständigen Sie die Sätze mit den passenden Formen der angegebenen Verben.

1. Nous ______________________ (avoir) trois enfants, deux garçons et une fille.
2. Je ______________________ (se reposer) à la maison.
3. Les Legrand ______________________ (habiter) à Grenoble.
4. Il ______________________ (s'appeler) Michel.
5. Elles ______________________ (se déguiser) en clowns pour le carnaval.
6. Vous ______________________ (travailler) à la mairie maintenant ?
7. J'____________ (avoir) 20 ans et je ______________________ (être) encore à l'école.

6

Was passt in die Lücke? Kreuzen Sie an.

1. Le week-end, je ___ tard.
   - **A** me lève.
   - **B** me lave.

2. On ___ demain ?
   - **A** s'embrasse
   - **B** s'appelle

3. Tu ___ commment pour la fête de Juliette ?
   - **A** t'habilles
   - **B** t'appelles

4. Elles ___ tout le temps.
   - **A** se lèvent
   - **B** se dépêchent

7

Welche Antwort passt **nicht** zur Frage? Kreuzen Sie sie an.

1. Tu vas où ?
   - **A** Je vais bien.
   - **B** Je vais au travail.
   - **C** Je vais à la poste.

2. Vous allez à la fête des Levalois ?
   - **A** Non.
   - **B** À bientôt !
   - **C** Bien sûr !

3. Comment vas-tu ?
   - **A** Je vais en vacances.
   - **B** Je vais très bien.
   - **C** Ça va.

4. On va au cinéma demain ?
   - **A** Bonne idée !
   - **B** Demain ? Non, je suis chez un ami.
   - **C** Oh, oui, on va au théâtre !

LÖSUNG

4 **1.** vais; vas; va; allons; allez; vont • **5** **1.** avons; **2.** me repose; **3.** habitent; **4.** s'appelle; **5.** se déguisent; **6.** travaillez; **7.** ai, suis • **6** **1A**; **2B**; **3A**; **4B** • **7** **1A**; **2B**; **3A**; **4C**

6

1

Wissen Sie, was Sie zum Frühstück, zum Mittag- oder Abendessen essen oder trinken können? Ein falscher Begriff hat sich eingeschlichen. Welcher?

1. Au petit déjeuner :
- **A** des tartines
- **B** du café
- **C** de la soupe

2. Au déjeuner :
- **A** du fromage
- **B** des croissants
- **C** de la viande

3. Au dîner :
- **A** de l'omelette
- **B** du café au lait
- **C** de la glace

4. En boissons :
- **A** une orangeade
- **B** une limonade
- **C** une salade

2

Ergänzen Sie die Sätze mit dem passenden Teilungsartikel (**du**, **de la** oder **de l'**).

1. Nous mangeons ______ pain et ______ salade.

2. Tu me donnes ______ eau, s'il te plaît ?

3. Vous prenez ______ vin ?

4. Il faut ______ beurre dans la pâte.

5. Passe-moi ______ fromage !

6. Il y a ______ omelette au repas.

3

Bringen Sie die folgenden Sätze in die richtige Reihenfolge.

1. Je | pas | lait | n' | le | aime

____

2. Le | n' | bon | pas | est | repas

____

3. Il | ne | pas | la | maison | mange | à

____

4

Quiz: Testen Sie Ihre Kenntnisse über die französische Esskultur. Kreuzen Sie **vrai** – *richtig* oder **faux** – *falsch* an.

1. La moutarde est une spécialité de Toulouse.
☐ **A** vrai ☐ **B** faux

2. La quiche se fait avec des lardons et des oignons.
☐ **A** vrai ☐ **B** faux

3. Le dîner se mange froid en France.
☐ **A** vrai ☐ **B** faux

4. En France, on mange du fromage et de la charcuterie au petit déjeuner.
☐ **A** vrai ☐ **B** faux

LÖSUNG

1 **1**C; **2**B; **3**B; **4**C • **2** **1.** du, de la; **2.** de l'; **3.** du; **4.** du; **5.** du; **6.** de l' • **3** **1.** Je n'aime pas le lait.; **2.** Le repas n'est pas bon.; **3.** Il ne mange pas à la maison. • **4** **1**B faux: Dijon ist die Stadt des Senfs.; **2**A vrai; **3**B faux: In Frankreich wird zweimal am Tag warm gegessen, mittags und abends; **4**B faux: Zum Frühstück wird nur Süßes gegessen.

5

Verneinen Sie die folgenden Fragen wie im ersten Beispiel.

1. Tu bois de la bière ? - Non, je ne bois pas de bière.
2. Tu aimes les gros gâteaux ?

   - Non, je ____________.
3. Vous mangez un fruit en dessert ?

   - Non, nous ____________.
4. Vous allez au resto ce soir ?

   - Non, on ____________.

6

Kreuzen Sie an, was Sie in den jeweiligen Situationen sagen würden.

1. Wenn es schmeckt:
   - A C'est beau.
   - B C'est bon.
   - C C'est gros.
2. Wenn es gut riecht:
   - A Ça sent bon.
   - B Ça va bien.
   - C Ça arrive.
3. Wenn Sie Hunger haben:
   - A J'ai vingt ans.
   - B J'ai le temps.
   - C J'ai faim.
4. Wenn Sie Durst haben:
   - A J'ai un frère.
   - B J'ai des lunettes.
   - C J'ai soif.

7

Tragen Sie Ihre Antworten in das Gitter ein. Das Lösungswort ergibt eine französische Spezialität aus der Bretagne.

1. Wenn es heiß ist, sagen Sie: **c'est...**
2. Was sagen Sie, wenn Sie etwas lieben: **j'...**
3. Ein Klassiker unter den Eisbechern wurde von einem Franzosen kreiert und heißt **... Melba**.
4. Wie wünschen Sie jemandem einen guten Appetit: **bon...**
5. Wie rufen Sie jemanden zu Tisch: **À...**

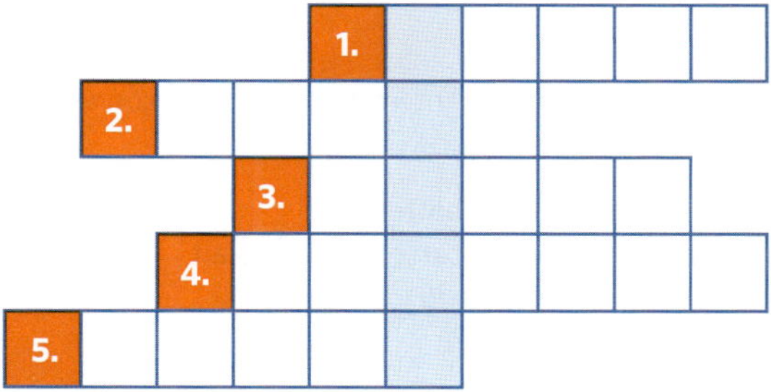

Lösungswort: ____________________

LÖSUNG

5 **2.** je n'aime pas les gros gâteaux; **3.** nous ne mangeons pas de fruit en dessert; **4.** on ne va pas au resto ce soir • **6** 1B; 2A; 3C; 4C • **7** **1.** chaud; **2.** adore; **3.** pêche; **4.** appétit; **5.** table; Lösungswort: crêpe

1

Wie lauten diese Gegenstände auf Französisch? Bringen Sie die Buchstaben in die richtige Reihenfolge.

1. *Messer* t u c u a e o ____________________
2. *Gabel* c o t t e f u h r e ____________________
3. *Löffel* l e c u l è i r ____________________
4. *Teller* e t t e i s s a ____________________
5. *Glas* r e v r e ____________________
6. *Karaffe* f e r a c a ____________________

2

Kreuzen Sie die richtige Antwort an. Mehrere können richtig sein. Was sagen Sie wenn, ...

1. ... Sie gerne die Karte hätten?
   - ☐ **A** Apportez-nous la carte, s'il vous plaît.
   - ☐ **B** Je prends le menu du jour.
   - ☐ **C** Vous avez la carte ?

2. ... Sie ein Glas Rotwein bestellen möchten?
   - ☐ **A** Pour moi, un verre de vin rouge, s'il vous plaît.
   - ☐ **B** Je voudrais une bouteille de vin blanc, s'il vous plaît.
   - ☐ **C** Je prends un verre de vin rouge, s'il vous plaît.

3. ... Sie mit jemandem anstoßen wollen?
- **A** À tes souhaits !
- **B** À la tienne !
- **C** Santé !

4. ... Sie das Menü zu 20 Euro möchten?
- **A** Je prends le menu à 20 euros.
- **B** Le menu coûte 20 euros.
- **C** Je prends une entrée.

5. ... Sie gerne die Rechnung möchten?
- **A** L'addition, s'il vous plaît.
- **B** Pouvez-vous apporter l'addition, s'il vous plaît ?
- **C** Je vous donne l'addition.

3

Vervollständigen Sie die Konjugation von **prendre** – *nehmen* und **attendre** – *warten*.

1. prendre:

je ____________, tu ____________, il / elle prend,

nous prenons, vous ____________, ils / elles ____________

2. attendre:

j' ____________, tu attends, il / elle ____________,

nous ____________, vous attendez, ils / elles ____________

LÖSUNG

1 **1.** couteau; **2.** fourchette; **3.** cuillère; **4.** assiette; **5.** verre; **6.** carafe • **2** **1**AC; **2**AC; **3**BC; **4**A; **5**AB • **3** **1.** je prends, tu prends, vous prenez, ils / elles prennent; **2.** j'attends, il / elle attend, nous attendons, ils / elles attendent

4

Verstehen Sie die Fragen des Obers? Welche Frage passt zu welcher Antwort? Verbinden Sie.

1. Vous avez réservé ?
2. En dessert, vous désirez ?
3. Vous prenez une entrée ?
4. C'est à quel nom ?
5. Vous prenez le menu du jour ?
6. Et comme plat chaud ?

___ **A** Oui, nous prenons une assiette de charcuterie.

___ **B** C'est au nom de Deschamps.

___ **C** Oui, il a l'air très bon.

___ **D** Le steak-frites.

___ **E** Oui, une table pour six personnes.

___ **F** De la mousse au chocolat.

5

Ergänzen Sie die Sätze mit den vorgegebenen Wörtern. Denken Sie daran, die Verben zu konjugieren.

prendre | apprendre | entendre | comprendre

1. Vous pouvez répéter ? Je ne ______________ pas.
2. Nous ne ______________ pas d'entrée.
3. Claire ______________ le français depuis trois ans.
4. Parle plus fort, il n' ______________ pas très bien !

6

Quiz: Kreuzen Sie die passende Definition zum angegebenen Gericht bzw. Getränk an.

1. le hors-d'œuvre :
- ☐ **A** C'est une entrée avec de la salade et des crudités.
- ☐ **B** C'est un plat chaud avec des légumes.

2. le coq au vin :
- ☐ **A** Ce sont des fruits exotiques dans une sauce au vin.
- ☐ **B** C'est une viande en sauce.

3. la crème brûlée maison :
- ☐ **A** C'est du pain de la maison.
- ☐ **B** C'est un dessert à la crème passé au four.

4. la grenadine :
- ☐ **A** C'est une bouteille de vin rouge de l'an 2000.
- ☐ **B** C'est une boisson sucrée rouge.

7

Welche Wörter passen **nicht** zum Thema der Lektion?

1. ☐ **A** les couverts ☐ **B** la réservation ☐ **C** la barbe

2. ☐ **A** la viande ☐ **B** la fête ☐ **C** les légumes

3. ☐ **A** le serveur ☐ **B** le restaurant ☐ **C** l'anniversaire

4. ☐ **A** le supermarché ☐ **B** l'apéritif ☐ **C** le gâteau

LÖSUNG

4 1E; 2F; 3A; 4B; 5C; 6D • **5** **1.** comprends; **2.** prenons; **3.** apprend; **4.** entend • **6** 1A; 2B; 3B; 4B • **7** 1C; 2B; 3C; 4A

1

Wo kaufen Sie vorzugsweise welche Produkte? Verbinden Sie.

1. du pain	___ **A** à la boucherie
2. de la viande	___ **B** à l'épicerie
3. des gâteaux	___ **C** au marché
4. des fruits et des légumes	___ **D** à la pâtisserie
5. des yaourts	___ **E** au magasin de vêtements
6. un pull	___ **F** à la boulangerie

2

Kreuzen Sie den zum Bild passenden Begriff an.

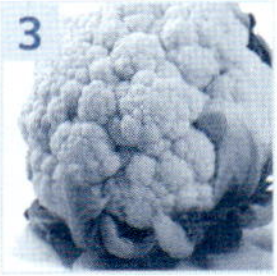

1. ☐ **A** la tomate ☐ **B** la poire ☐ **C** la banane

2. ☐ **A** la glace ☐ **B** la limonade ☐ **C** le beurre

3. ☐ **A** la fraise ☐ **B** le concombre ☐ **C** le chou-fleur

4. ☐ **A** la pomme de terre ☐ **B** la pomme ☐ **C** le poivron

3

Kaufen Sie mal auf einem typisch französischen Markt ein. Lesen Sie die Fragen des Händlers und kreuzen Sie die passende Antwort an. Es können auch mehrere richtig sein.

1. Vous désirez, Madame ?
- ☐ **A** Pour moi, cinq grosses oranges.
- ☐ **B** Je voudrais un kilo de pommes.
- ☐ **C** De l'eau minérale, s'il vous plaît.

2. Il me reste des poires, c'est deux euros le kilo.
- ☐ **A** Oh oui, donnez-moi un kilo de poires !
- ☐ **B** Oh, c'est une affaire, un kilo, s'il vous plaît !
- ☐ **C** Des poires ? Elles font combien ?

3. Quatre euros les trois kiwis, vous les prenez ?
- ☐ **A** Mais, c'est trop cher !
- ☐ **B** Ce n'est vraiment pas cher.
- ☐ **C** Ah non, vous exagérez !

4. Ce sera tout ?
- ☐ **A** Tout est dans le sac !
- ☐ **B** Oui, ça fait combien ?
- ☐ **C** Je prends aussi des pêches.

5. Vous avez de la monnaie ?
- ☐ **A** Oh, oui, elle est très bonne !
- ☐ **B** Oh non, j'ai seulement un billet de 100 euros.
- ☐ **C** Non, je voudrais un kilo de pommes.

LÖSUNG

1 1F; 2A; 3D; 4C; 5B; 6E • **2** 1B; 2A; 3C; 4B • **3** 1AB; 2AB; 3AC; 4BC; 5B

4

Erkennen Sie die Formen des Verbs **acheter** – *kaufen*? Kreisen Sie sie ein. Achten Sie auf die Akzente!

a c h è t e a c h e t e a c h è t e s a c h e t t e
a c h è t e a c h é t o n s a c h e t o n s a c h e t e z
a c h è t e z a c h t e n t a c h è t e n t a c h é t e n t

5

Schreiben Sie die Zahlen, die Sie lesen als Ziffer in die Lücke.

1. quatre-vingt-dix-sept ______
2. soixante-dix-huit ______
3. trente-cinq ______
4. cinquante-sept ______
5. cent soixante-huit ______
6. mille neuf cent quatre-vingt-dix-neuf ______

6

Ergänzen Sie die Sätze mit der Mengenangabe in Klammern.

1. J'achète ______ de tomates. (1 kilo)
2. Vous avez ______ vin blanc ? (1 bouteille)
3. Il faut ______ lait et ______ sucre pour la recette. (1 litre / 1 livre)

7

Wortgitter: Finden Sie die französische Übersetzunge der Begriffe im Gitter wieder?

Pflaume	Erdbeere	Möhre	Reis
Apfelsine	Kartoffel	Nudeln	Salat
Banane	Kohl	Pilz	Tomate
Himbeere			

O	C	A	R	O	T	T	E	B	X	P	I
R	D	C	S	P	U	R	I	A	T	A	A
A	C	H	A	M	P	I	G	N	O	N	F
N	M	O	L	J	R	Z	K	A	M	J	R
G	Q	U	A	R	U	H	M	N	A	M	A
E	Y	T	D	G	N	J	L	E	T	Q	I
P	Â	T	E	S	E	X	M	S	E	Y	S
P	O	M	M	E	D	E	T	E	R	R	E
R	F	R	A	M	B	O	I	S	E	E	L

LÖSUNG

4 j'**achète**, tu **achètes**, il / elle **achète**, nous **achetons**, vous **achetez**, ils / elles **achètent** • **5 1.** 97; **2.** 78; **3.** 35; **4.** 57; **5.** 168; **6.** 1999 • **6 1. un kilo de** tomates; **2. une bouteille de** vin; **3. un litre de** lait; **une livre de** sucre • **7** senkrecht: **orange, chou, salade, prune, riz, banane, tomate, fraise;** waagerecht: **carotte, champignon, pâtes, pomme de terre, framboise**

1

Bilden Sie Vergleiche mit **moins** (-), **plus** (+) oder **aussi** (=) und dem angegebenen Adjektiv in der richtigen Form.

1. Paris est ______________________ Bordeaux. (+ grand)
2. Un village est ______________________ une ville. (+ petit)
3. Le restaurant *Chez André* est ______________________ la taverne *À la bonne bouffe.* (- bon)
4. La vie en province est ______________________ à Paris. (- cher)
5. Les villes du nord sont ______________________ les villes du sud. (= joli)

2

Schreiben Sie den entsprechenden Begriff unter das Bild.

le pont | la château | le port

______________ ______________ ______________

3

Kennen Sie sich in Frankreich aus? Verbinden Sie.

1. La capitale de la France est	____	**A** Bordeaux.
2. La ville de la moutarde est	____	**B** Paris.
3. La plus grande ville de province	____	**C** Lyon.
4. La ville du vin rouge est	____	**D** Albertville.
5. La ville olympique de 1992 est	____	**E** Dijon.

4

Machen Sie Angaben zu Ihrem Wohnort. Welche Antwort passt? Kreuzen Sie an. Mehrfachantworten sind möglich.

1. Vous habitez où ?
- ☐ **A** J'habite en province.
- ☐ **B** Nous habitons à Lille.
- ☐ **C** Je suis à la maison.

2. Où se trouve Orléans ?
- ☐ **A** C'est au sud de Paris.
- ☐ **B** C'est au nord de Brest.
- ☐ **C** Orléans est à l'ouest de Strasbourg.

3. Tu habites dans une grande ville ?
- ☐ **A** Non, c'est un village.
- ☐ **B** Oui, une très grande ville.
- ☐ **C** Lille est la plus grande ville de France.

4. Tu préfères la ville ou la campagne ?
- ☐ **A** Je préfère la ville.
- ☐ **B** Je connais la ville de Lyon.
- ☐ **C** Les villes sont grandes.

LÖSUNG

1 **1.** plus grand que; **2.** plus petit qu'; **3.** moins bon que; **4.** moins chère qu'; **5.** aussi jolies que • **2** **1.** le château; **2.** le port; **3.** le pont • **3** **1B**; **2E**; **3C**; **4A**; **5D** • **4** **1AB**; **2AC**; **3AB**; **4A**

5

Ein Wort passt nicht zu den anderen. Welches? Kreuzen Sie an.

1. ☐ **A** la poste
☐ **B** la banque
☐ **C** la mairie
☐ **D** la recette

2. ☐ **A** l'école
☐ **B** le magasin
☐ **C** le concombre
☐ **D** l'église

3. ☐ **A** la rue piétonne
☐ **B** l'apéritif
☐ **C** l'avenue
☐ **D** le boulevard

4. ☐ **A** la bijouterie
☐ **B** le magasin de sport
☐ **C** la ville olympique
☐ **D** la boulangerie-pâtisserie

6

Verbinden Sie die passenden Satzteile.

1. La ville préférée de Julie est
2. Nous visitons
3. Les monuments de la ville
4. Marc et Isabelle
5. Je vais
6. J'achète un bouquet de roses dans

___ **A** rendent visite à des amis à Trèves.
___ **B** un magasin de fleurs.
___ **C** à la poste.
___ **D** le musée d'art moderne.
___ **E** Paris.
___ **F** me plaisent beaucoup.

7

Quiz: Testen Sie Ihre geografischen Kenntnisse! Kreuzen Sie die richtige Antwort an.

1. Welche Stadt ist nicht in Frankreich?
- **A** Nevers
- **B** Liège
- **C** Auch

2. Welche Stadt hat weniger als 100.000 Einwohner?
- **A** Dunkerque
- **B** Lyon
- **C** Nice

3. Wie heißen die Bewohner Frankreichs?
- **A** François
- **B** Francis
- **C** Français

4. Welche Stadt liegt nicht im Süden Frankreichs?
- **A** Nice
- **B** La Rochelle
- **C** Biarritz

8

Welcher Begriff passt zu welchem Bild? Kreuzen Sie an.

1. **A** la mairie **B** la cathédrale **C** la boulangerie

2. **A** le magasin de souvenirs **B** la boucherie **C** la bibliothèque

3. **A** la carte **B** la statue **C** la rue

LÖSUNG

5 1D; 2C; 3B; 4C • **6** 1E; 2D; 3F; 4A; 5C; 6B • **7** 1B; 2A; 3C; 4B •
8 1B; 2A; 3B

1

Ordnen Sie den Bildern den entsprechenden Begriff zu, indem Sie den Buchstaben in das Kästchen schreiben.

A **tourner à droite** **B** **aller tout droit**
C **continuer tout droit au feu** **D** **tourner à gauche**

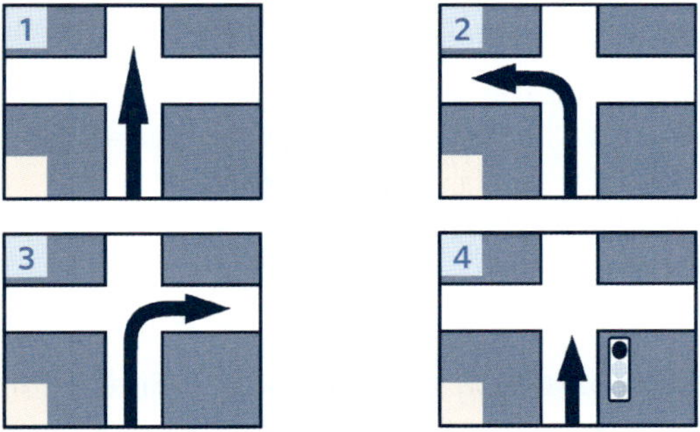

2

Sie haben sich in einer fremden Stadt verlaufen. Sie fragen einen Passanten nach dem Weg. Kreuzen Sie die zur Antwort passende Frage an. Mehrere Fragen sind manchmal möglich.

1. Ah, la poste, c'est au carrefour à droite.
- **A** Pardon, je cherche la poste.
- **B** La poste, c'est par où ?
- **C** Je suis à la poste.

2. Vous allez toujours tout droit et c'est la première à droite.
- **A** Où est le musée ?
- **B** Vous avez l'addition ?
- **C** Il est au restaurant ?

3. Là-bas, regardez, en face de la cathédrale !
- **A** Où se trouve l'office de tourisme ?
- **B** C'est où l'office de tourisme ?
- **C** Vous savez où est l'office de tourisme ?

4. La rue Mitterrand ? C'est au feu à gauche !
- **A** Pardon, je cherche la rue Mitterrand.
- **B** C'est ici la rue Mitterrand ?
- **C** Où est Mitterrand ?

3

Suchen Sie die Verbformen von **partir** – *weggehen* und **choisir** – *auswählen* in der Wortschlange. Kreisen Sie sie ein.

p a r s t i r p a r u c h o i s i s b i c h o i s i s s o n s

p p a r t c h o i x g r a u d l c h o i s i s s e n t j e t u

p a r m i c h o i s i s s e z d k o r p s j n i c h o i s i t

c h o i s s s i t x p a r t e z z p a r e s o i t e k a r o s

i p a r t e n t p a r t o n s c h o i s i c h e z p o u r t i

LÖSUNG

1 1B; 2D; 3A; 4C • **2** 1AB; 2A; 3ABC; 4AB • **3** pars, choisis, choisissons, part, choisissent, choisissez, choisit, partez, partent, partons

4

Bilden Sie das Präsens des angegeben Verbs in der angegebenen Person.

1. choisir : je ____________, nous ____________
2. sortir : tu ____________, ils ____________
3. apprendre : j' ____________, elles ____________
4. acheter : elle ____________, vous ____________
5. rendre : tu ____________, vous ____________
6. commencer : il ____________, nous ____________

5

Verbinden Sie mit der richtigen Übersetzung.

1. derrière	___	A gegenüber
2. devant	___	B neben
3. en face (de)	___	C rechts
4. à côté (de)	___	D vor
5. à droite (de)	___	E links
6. à gauche (de)	___	F hinter

6

Ein Wort passt nicht in der Reihe. Welches?

1. **A** le livre **B** l'avenue **C** le boulevard **D** la rue
2. **A** la déviation **B** l'addition **C** les travaux
3. **A** l'autoroute **B** la nationale **C** le magasin
4. **A** le fromage **B** le feu **C** le stop **D** le carrefour
5. **A** la carte **B** le plan de la ville **C** la mairie

7

Kennen Sie diese Verkehrsschilder? Schreiben Sie den Buchstaben der richtigen Bezeichnung in das Kästchen.

A Centre-ville
B Toutes directions
C Passage pour piétons
D Parking

LÖSUNG

4 **1.** je **choisis**, nous **choisissons**; **2.** tu **sors**, ils **sortent**; **3.** j'**apprends**, elles **apprennent**; **4.** elle **achète**, vous **achetez**; **5.** tu **rends**, vous **rendez**; **6.** il **commence**, nous **commençons** • **5** 1F; 2D; 3A; 4B; 5C; 6E • **6** 1A; 2B; 3C; 4A; 5C • **7** 1C; 2A; 3D; 4B

8

Was passt in die Lücke? Kreuzen Sie an.

1. Vous sortez à la prochaine...
- **A** boucherie.
- **B** sortie.
- **C** carrefour.

2. Vous... la rue et c'est en face.
- **A** allez
- **B** partez
- **C** traversez

3. La poste ? C'est toujours... à 100 mètres.
- **A** à droite
- **B** à gauche
- **C** tout droit

4. Où... la mairie ?
- **A** se lève
- **B** se trouve
- **C** se cherche

5

Die Buchstaben dieser Verben sind durcheinander geraten. Bringen Sie sie wieder in die richtige Reihenfolge, die Pronomen helfen Ihnen die richtige Verbform zu finden.

1. O I S S C I H S N E T — ils ____________

2. Z A T R E P — vous ____________

3. P S O C E M R D N — je ____________

4. S S S S S É I U O R N — nous ____________

5. T R O D — elle ____________

6. N E S D R P — tu ____________

10

Sehen Sie sich den Stadtplan an. Sie befinden sich auf dem Boulevard Vincent Auriol, wo das Kreuzchen ist. Lesen Sie die Fragen und kreuzen Sie an, ob die Wegbeschreibungen richtig oder falsch sind.

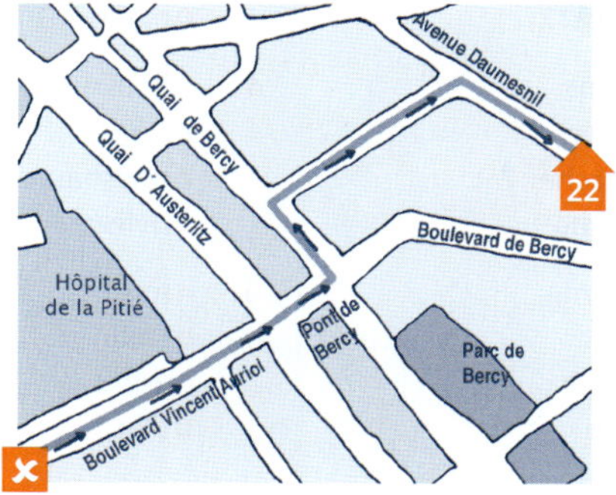

1. L'hôpital de la Pitié est de l'autre côté de la rue.
   A vrai B faux

2. Le parc de Bercy n'est pas loin. Vous passez le pont et c'est à gauche.
   A vrai B faux

3. J'habite 22, avenue Daumesnil. Tu vas toujours tout droit, tu passes le pont, tu tournes à gauche Quai de Bercy et tu prends la première à droite. Tu fais environ 800 mètres et tu arrives sur la rue Daumesnil. Tu vas à droite jusqu'au numéro 22.
   A vrai B faux

LÖSUNG

8 1B; 2C; 3C; 4B • **9** **1.** choisissent; **2.** partez; **3.** comprends; **4.** réussissons; **5.** dort; **6.** prends • **10** **1.** vrai; **2.** faux; **3.** vrai

1

Welches Wort passt nicht zu den anderen? Kreuzen Sie es an.

1. ☐ **A** mer
   ☐ **B** montagne
   ☐ **C** pain
   ☐ **D** plage

2. ☐ **A** neige
   ☐ **B** ski
   ☐ **C** montagne
   ☐ **D** plage

3. ☐ **A** plaine
   ☐ **B** vallée
   ☐ **C** marché
   ☐ **D** colline

4. ☐ **A** fleuve
   ☐ **B** frère
   ☐ **C** ruisseau
   ☐ **D** rivière

5. ☐ **A** femme
   ☐ **B** fleur
   ☐ **C** feuille
   ☐ **D** rose

6. ☐ **A** forêt
   ☐ **B** sapin
   ☐ **C** arbre
   ☐ **D** fille

2

Ergänzen Sie die Sätze mir der richtigen Präposition **à**, **en** oder **dans**.

1. Nous allons en vacances ______ la campagne.
2. Cécile et Élodie passent l'après-midi ______ ville.
3. Vous habitez ______ Allemagne ?
4. Je préfère rester ______ la maison.
5. Svenja vit ______ Paris.
6. Viens, je suis ______ ma chambre.

3

Welche Reaktion passt? Kreuzen Sie an. Mehrfachantworten sind möglich.

1. Vous partez en vacances ?
- ☐ **A** Oui, à la mer.
- ☐ **B** Non, pas cette année.
- ☐ **C** Je vais au marché.

2. Ça te plaît ici ?
- ☐ **A** Non, je préfère la ville.
- ☐ **B** J'aime beaucoup les champignons.
- ☐ **C** Oui, j'adore la nature !

3. Tu aimes les promenades en forêt ?
- ☐ **A** J'adore les arbres.
- ☐ **B** J'adore ça !
- ☐ **C** Si.

4. Vous avez des animaux ?
- ☐ **A** Oui, nous avons des lapins.
- ☐ **B** Nous avons 50 vaches à la ferme.
- ☐ **C** Oui, des roses.

4

Wo fühlen sich diese Tiere am wohlsten? Verbinden Sie.

1. les ours	___ **A** dans l'eau
2. les girafes	___ **B** dans la forêt
3. les poissons	___ **C** dans le ciel
4. les oiseaux	___ **D** dans la savane

LÖSUNG

1 1C; 2D; 3C; 4B; 5A; 6D • **2** 1. à; 2. en; 3. en; 4. à; 5. à; 6. dans • **3** 1AB; 2AC; 3B; 4AB • **4** 1B; 2D; 3A; 4C

5

Lösen Sie das Kreuzworträtsel zu den Tiernamen und tragen Sie die entsprechenden französischen Wörter ein.

waagrecht:
1. Schwein
2. Elefant
3. Vogel
4. Katze
5. Fliege

senkrecht:
6. Fisch
7. Esel
8. Hund
9. Kuh
10. Pferd

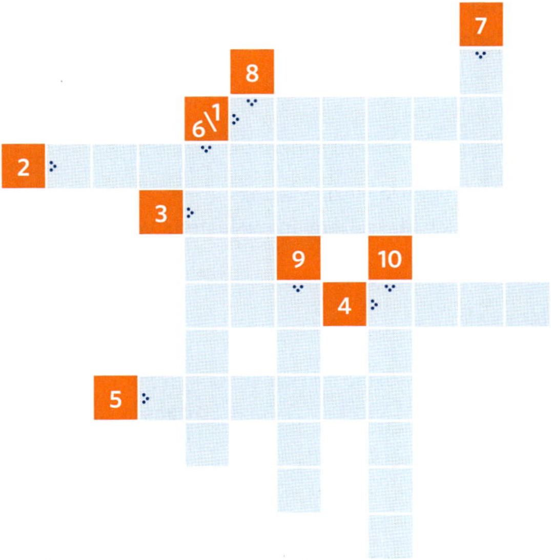

6

Verbinden Sie die Frage mit der passenden Antwort.

1. Vous habitez où ? ___
2. Vous êtes Allemande ? ___
3. Tu connais Rennes ? ___
4. Comment est la vie à la ferme ? ___
5. Où est la boulangerie ? ___

A À la ferme ? On ne s'ennuie jamais !
B Oui, mais j'habite en France.
C Oui, c'est en Bretagne.
D Elle est dans la rue de la mairie.
E J'habite à la montagne.

7

Sagen Sie das Gegenteil, indem Sie die Aussagen verneinen.

1. Sandrine aime la vie à la ferme.

___

2. Nous avons un chien à la maison.

___

3. Le chat de la voisine boit du lait et mange des souris.

___

___

LÖSUNG

5 **1.** cochon; **2.** éléphant; **3.** oiseau; **4.** chat; **5.** mouche; **6.** poisson; **7.** âne; **8.** chien; **9.** vache; **10.** cheval • **6** **1**E; **2**B; **3**C; **4**A; **5**D • **7** **1.** Sandrine n'aime pas la vie à la ferme.; **2.** Nous n'avons pas de chien à la maison.; **3.** Le chat de la voisine ne boit pas de lait et ne mange pas de souris.

8

Vervollständigen Sie die Sätze mit der Verneinung in Klammern.

1. Stéphane ____ vit ____________ en France. *(nicht mehr)*

2. Je m'ennuie ici, il ____ y a ____________. *(niemand)*

3. Je ____ aime ____________ le bruit. *(gar nicht)*

4. Dommage, il y a du brouillard, on ____ voit ____________. *(nichts)*

5. Elle ____ dit ____________ non. *(nie)*

9

Bilden Sie den Plural der folgenden Wörter. Achten Sie dabei auf die unregelmäßigen Formen.

1. la vache les ____________

2. l'oiseau les ____________

3. l'arbre les ____________

4. l'animal les ____________

5. l'ours les ____________

6. le cheval les ____________

7. la souris les ____________

10

Verbinden Sie die Pronomen mit den richtigen Personalformen von **vivre** – *leben* und **s'ennuyer** – *sich langweilen*.

vis	je	t'ennuies
vivons	tu	s'ennuient
vivent	il / elle	s'ennuie
vit	nous	nous ennuyons
vivez	vous	m'ennuie
	ils / elles	vous ennuyez

11

Was fehlt hier? Kreuzen Sie das richtige Wort an.

1. Je ne m'ennuie… en vacances.
- **A** toujours
- **B** jamais

2. Six mois de l'année, nous… à la montagne.
- **A** mangeons
- **B** vivons

3. Nous nous… à la mer.
- **A** reposons
- **B** habillons

4. Les chats et les chiens sont des animaux…
- **A** romantiques.
- **B** domestiques.

LÖSUNG

8 **1.** ne… plus; **2.** n'… personne; **3.** n'… pas du tout; **4.** ne… rien; **5.** ne… jamais • **9** **1.** les vaches; **2.** les oiseaux; **3.** les arbres; **4.** les animaux; **5.** les ours; **6.** les chevaux; **7.** les souris • **10** je vis, tu vis, il / elle vit, nous vivons, vous vivez, ils / elles vivent; je m'ennuie, tu t'ennuies, il / elle s'ennuie, nous nous ennuyons, vous vous ennuyez, ils / elles s'ennuient • **11** **1B**; **2B**; **3A**; **4B**

1

Verbinden Sie die französische Uhrzeit mit der deutschen Übersetzung.

1. Il est quatre heures et demie.	___	**A** Es ist fünf nach zwölf.
2. Il est midi cinq.	___	**B** Es ist Viertel nach eins.
3. Il est une heure moins le quart.	___	**C** Es ist Mitternacht.
4. Il est minuit.	___	**D** Es ist 23 Uhr 55.
5. Il est minuit moins cinq.	___	**E** Es ist Viertel vor eins.
6. Il est une heure et quart.	___	**F** Es ist halb fünf.

2

Vervollständigen Sie die Sätze mit dem Verb im Futur composé.

1. Demain, je ______________________ au marché. (aller)
2. Nous ______________________ demain matin. (appeler)
3. Les vacances ______________________ vendredi. (commencer)
4. Philippe ______________________ en vacances dans le Midi. (partir)
5. Tu ______________________ à la maison ce soir ? (être)

3

Sehen Sie sich die Bilder an und wählen Sie die richtige Zeitangabe. Kreuzen Sie an.

1. Il est...
- **A** trois heures de l'après-midi.
- **B** huit heures du soir.
- **C** six heures du matin.

2. Il est...
- **A** midi et demie.
- **B** dix heures et demie.
- **C** neuf heures et demie.

3. Il est...
- **A** quatre heures du matin.
- **B** quatre heures vingt-cinq.
- **C** quatre heures moins vingt-cinq.

4. Il est...
- **A** dix heures moins dix.
- **B** onze heures moins dix.
- **C** midi moins dix.

LÖSUNG

1 **1**F; **2**A; **3**E; **4**C; **5**D; **6**B • **2** **1.** vais aller; **2.** allons appeler; **3.** vont commencer; **4.** va partir; **5.** vas être • **3** **1**C; **2**B; **3**B; **4**B

4

Kennen Sie diese Verkehrsmittel auf Französisch? Kreuzen Sie die zum Foto passende Bezeichnung an.

1. ☐ **A** l'avion ☐ **B** le bateau ☐ **C** le train
2. ☐ **A** le bus ☐ **B** le bateau ☐ **C** le taxi
3. ☐ **A** le vélo ☐ **B** le tram ☐ **C** la voiture
4. ☐ **A** le train ☐ **B** la voiture ☐ **C** le métro

5

Kreuzen Sie die passende Frage an, es können auch mehrere richtig sein. Wie fragen Sie nach …

1. … der Uhrzeit?
   - ☐ **A** Quelle heure est-il ?
   - ☐ **B** À une heure ?
   - ☐ **C** Vous avez l'heure, s'il vous plaît ?

2. … dem passenden Verkehrsmittel?
   - ☐ **A** Tu prends le train ?
   - ☐ **B** Vous allez à Paris en avion ?
   - ☐ **C** Tu achètes un vélo ?

3. … der nächsten Möglichkeit weiterzufahren?
   - ☐ **A** Le métro arrive bientôt ?
   - ☐ **B** Il y a le tram en ville ?
   - ☐ **C** À quelle heure arrive le bus ?

4. … einem Flugschein?
   - ☐ **A** Un ticket pour 16h20 !
   - ☐ **B** Un billet pour Nice.
   - ☐ **C** Une carte routière, s'il vous plaît.

6

Sehen Sie sich die Bilder an und versuchen Sie die passenden Begriffe in die Lücken zu schreiben.

bus | métro | taxi | tramway

1

1. À Paris, on se déplace

en ________________.

2

2. À Clermont-Ferrand, il y a un

nouveau ________________.

3

3. Vous voulez rentrer ? Je vous appelle un

________________ ?

4

4. Vous attendez le ________ ? La ligne 18 arrive dans deux minutes.

LÖSUNG

4 **1**C; **2**B; **3**A; **4**B • **5** **1**AC; **2**AB; **3**AC; **4**B • **6** **1.** métro; **2.** tramway; **3.** taxi; **4.** bus

7

Was bedeuten die folgenden französischen Verkehrsschilder? Verbinden Sie.

1. Rappel	___ **A** nur für Busse erlaubt
2. Sauf Bus	___ **B** Umleitung
3. Déviation	___ **C** Alle Richtungen
4. Toute directions	___ **D** Erinnerung an ein vorhergehendes Verkehrszeichen

8

Verbinden Sie die Frage links mit der richtigen Antwort rechts.

1. Vous allez au travail comment ?	___ **A** Non, je prends le bus pour aller à l'école.
2. Tu vas à l'école à pied ?	___ **B** Nous descendons à la gare du Nord.
3. Vous descendez où ?	___ **C** Pour aller au bureau, nous prenons le train.
4. Tu pars tout de suite ?	___ **D** Elle prend le bateau.
5. Elle va comment au Danemark ?	___ **E** Vous prenez la ligne M1 et vous changez à Nation.
6. Le métro pour Bastille ?	___ **F** Dans cinq minutes, je t'attends ?

9

Kaufen Sie ein einfaches Ticket von Frankreich nach Deutschland. Sie kommen aus Lille, sind Nicht-Raucher und wollen am nächsten Tag um halb zwei in der 2. Klasse nach Köln fahren. Kreuzen Sie alle passenden Angaben im folgenden Formular an.

1. Le départ
- **A** Lille
- **B** Cologne

2. L'arrivée
- **A** Munich
- **B** Cologne

3. L'aller
- **A** aujourd'hui
- **B** demain
- **C** un autre jour

4. L'heure
- **A** à 12h30
- **B** à 13h30
- **C** à 14h30

5. Le wagon
- **A** Fumeur
- **B** Non-Fumeur
- **C** première classe
- **D** deuxième classe

6. Le billet
- **A** aller-retour
- **B** aller simple

LÖSUNG

7 1D; 2A; 3B; 4C; • **8** 1C; 2A; 3B; 4F; 5D; 6E • **9** 1A; 2B; 3B; 4B; 5BD; 6B

1

Vervollständigen Sie die Konjugation von **faire** – *machen/tun* und **lire** – *lesen*.

1. faire: je ______________, tu fais, il/elle ______________,

nous faisons, vous ______________, ils/elles ______________

2. lire: je lis, tu lis, il/elle ______________,

nous ______________, vous ______________, ils/elles lisent

2

Was gehört zusammen? Verbinden Sie die Freizeitbeschäftigungen mit dem passenden Ort.

1. regarder un film	___ **A** dans un lit
2. écouter de la musique	___ **B** à la bibliothèque
3. rendre visite	___ **C** sur le net
4. nager	___ **D** à un ami
5. visiter	___ **E** au cinéma
6. naviguer	___ **F** à un concert
7. lire	___ **G** un musée
8. dormir	___ **H** à la piscine

3

Ordnen Sie den Bildern den entsprechenden Begriff zu, indem Sie den passenden Buchstaben in das Kästchen schreiben.

A faire une promenade **B** faire du shopping
C regarder la télé **D** lire un livre **E** jouer aux échecs
F jouer du violon **G** écouter de la musique
H faire du sport **I** jouer

1

2

3

4

5

6

7

8

9

LÖSUNG
1 **1.** je **fais**, il / elle **fait**, vous **faites**, ils / elles **font**; **2.** il / elle **lit**, nous **lisons**, vous **lisez** • **2** **1E**; **2F**; **3D**; **4H**; **5G**; **6C**; **7B**; **8A** • **3** **1D**; **2I**; **3G**; **4C**; **5H**; **6F**; **7B**; **8E**; **9A**

4

Diese Sätze sind durcheinander geraten. Bringen Sie die Satzteile wieder in die richtige Reihenfolge.

1. va | ce soir ? | au cinéma | on

____

2. le week-end | faisons | nous | de la randonnée.

____

3. adore | sur | le net. | naviguer | j'

____

5

Kennen Sie diese Musikinstrumente? Kreuzen Sie den passenden Begriff an

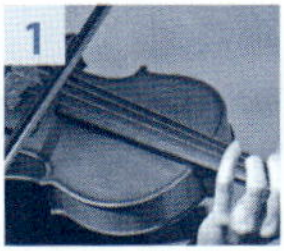

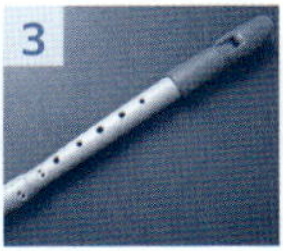

1. ☐ **A** le violon ☐ **B** la guitare ☐ **C** la voiture
2. ☐ **A** le pays ☐ **B** la pomme ☐ **C** le piano
3. ☐ **A** la fleur ☐ **B** la femme ☐ **C** la flûte
4. ☐ **A** la girafe ☐ **B** la guitare ☐ **C** le canard

6

Achtung falsche Freunde! Wie lautet die richtige Übersetzung des französischen Begriffs? Kreuzen Sie an.

1. le footing
- **A** Joggen
- **B** Fußballspielen

2. le magazine
- **A** das Geschäft
- **B** das Magazin

3. le gymnase
- **A** das Gymnasium
- **B** die Turnhalle

4. le couvert
- **A** das Besteck
- **B** das Kuvert

5. le magasin
- **A** das Geschäft
- **B** das Magazin

6. le clavier
- **A** das Klavier
- **B** die Tastatur

7

Bringen Sie den Dialog in die richtige Reihenfolge.

1. Tu as un hobby ?
2. Tu as de la chance. Moi, je ne sais ni peindre ni dessiner !
3. Super ! Tu es sportif et quoi d'autre ?
4. Je fais aussi partie d'un atelier de peinture.
5. Oh, oui, j'en ai même plusieurs. Je fais du canoë par exemple.

Richtige Reihenfolge: ____________

LÖSUNG

4 **1.** On va au cinéma ce soir ?; **2.** Le week-end, nous faisons de la randonnée.; **3.** J'adore naviguer sur le net. • **5** **1A**; **2C**; **3C**; **4B** • **6** **1A**; **2B**; **3B**; **4A**; **5A**; **6B** • **7** Richtige Reihenfolge: 1-5-3-4-2

8

Sehen Sie sich die Bilder an und kreuzen Sie die passende Antwort an.

1. Tu fais du sport ?

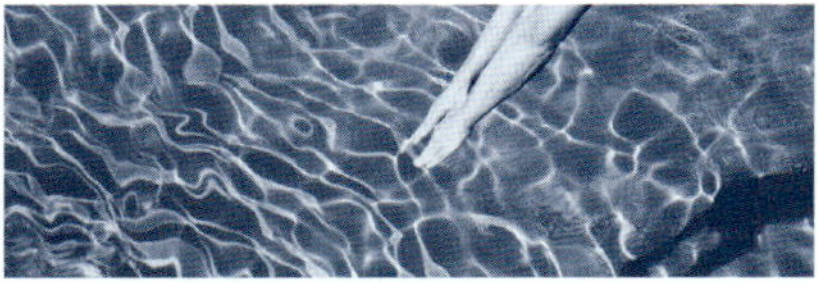

- **A** Oui, je fais de la natation.
- **B** Oui, je joue au basket.

2. Vous jouez au golf ?

- **A** Oui, je fais du golf tous les week-ends.
- **B** Je préfère l'équitation.

3. Vous faites du basket ?

- **A** Non, nous faisons de l'équitation.
- **B** Non, je joue au tennis.

9

Stellen Sie die richtige Frage, es können auch mehrere richtig sein. Wie fragen Sie jemanden, ob ...

1. ... er Sport treibt?
- **A** Tu joue aux cartes ?
- **B** Tu fais du sport ?
- **C** Tu aimes le sport ?

2. ... er Musik spielt?
- **A** Vous jouez de la musique ?
- **B** Tu joues d'un instrument ?
- **C** On joue ensemble ?

3. ... er Fußball spielt?
- **A** Tu fais du footing ?
- **B** Vous faites du foot ?
- **C** Vous jouez au foot ?

4. ... er am Samstag Zeit hat?
- **A** Qu'est-ce que tu fais samedi ?
- **B** On se voit samedi ?
- **C** Tu as le temps samedi ?

10

Was passt in die Lücke, **du / de la / des** oder **au / à la / aux**?

1. Luc et Christian font ________ sport.

2. On joue ________ cartes ? Tu as envie ?

3. Angélique joue ________ flûte depuis longtemps déjà.

4. Pierre ? Il fait ________ danse ? C'est vrai?

5. Pendant les vacances, nous faisons ________ voile.

LÖSUNG

8 1A; 2A; 3B • **9** 1B; 2AB; 3BC; 4ABC • **10** **1.** du; **2.** aux; **3.** de la; **4.** de la; **5.** de la

1

Verbinden Sie die Fragen mit der passenden Antwort.

1. Est-ce que vous avez réservé ?
2. Vous voulez une chambre individuelle ou double ?
3. Vous restez combien de nuits ?
4. Désirez-vous une chambre à l'hôtel ou une chambre d'hôtes ?

___ **A** Nous restons trois nuits.

___ **B** Non, nous n'avons pas de réservation.

___ **C** Une chambre double, s'il vous plaît.

___ **D** Nous préférons aller à l'hôtel.

2

Sehen Sie sich die Bilder an und schreiben Sie den richtigen Begriff auf die Zeile.

le camping-car | la caravane | la tente

______ ______ ______

3

Kreisen Sie die Verbformen von **vouloir** - *wollen/mögen* und **pouvoir** - *können/dürfen* in den Wortschlangen ein.

1. v a v e u x v i e n s v e u t p e u t v i e n t v o u l o n s v o u l e z v i e n n e n t v e u l e n t

2. p o u r p e u x p e u t p o u v o n s f a i s o n s v o u l o n s p l e u r e r p o u v e z p e u v e n t

4

Kreuzen Sie die passenden Fragen an. Mehrfachantworten sind möglich. Wie fragen Sie ...

1. ... nach einem Doppelzimmer?
- **A** Apportez-nous la carte, s'il vous plaît.
- **B** Je voudrais une chambre double.
- **C** Est-ce que vous avez une chambre double ?

2. ..., wie viel das Zimmer kostet?
- **A** Combien coûte la chambre ?
- **B** La chambre, c'est combien ?
- **C** Je prends une chambre.

3. ... um wie viel Uhr das Frühstück ist?
- **A** Où est la salle du petit déjeuner ?
- **B** Quelle heure est-il ?
- **C** À quelle heure peut-on prendre le petit déjeuner ?

LÖSUNG

1 **1**B; **2**C; **3**A; **4**D • **2** **1.** la tente; **2.** la caravane; **3.** le camping-car • **3** **1.** veux, veut, voulons, voulez, veulent; **2.** peux, peut, pouvons, pouvez, peuvent • **4** **1**BC; **2**AB; **3**C

5

Welche Antwort passt **nicht** zur Frage? Kreuzen Sie an.

1. Le petit déjeuner est compris dans le prix ?
- **A** Oui, vous pouvez manger des tartines.
- **B** Oui, tout est compris dans le prix.

2. La chambre est avec vue sur la mer ?
- **A** La mer est à deux kilomètres.
- **B** Oui, il y a une vue splendide.

3. Combien coûte la demi-pension ?
- **A** C'est 60 euros par personne.
- **B** Nous ne faisons pas la pension complète.

4. Est-ce que vous avez des chambres libres ?
- **A** Tout est complet malheureusement.
- **B** Non, les chambres sont non-fumeurs.

6

Kreuzworträtsel zur Zimmerausstattung: Erraten Sie das gesuchte Wort und schreiben Sie es auf Französisch in das Kreuzworträtsel.

waagrecht:

2. Womit trocknen Sie sich ab?
3. Ich brauche sie, um Türen abzuschließen.
5. Zum Duschen gehen Sie hinein.
6. Darin räume ich meine Kleider auf.
8. Darauf kann ich essen oder arbeiten.

senkrecht:

1. Man benutzt sie zum Fernsehen.
4. Mein Kopf liegt darauf zum Schlafen.
7. Wo schlafen Sie?

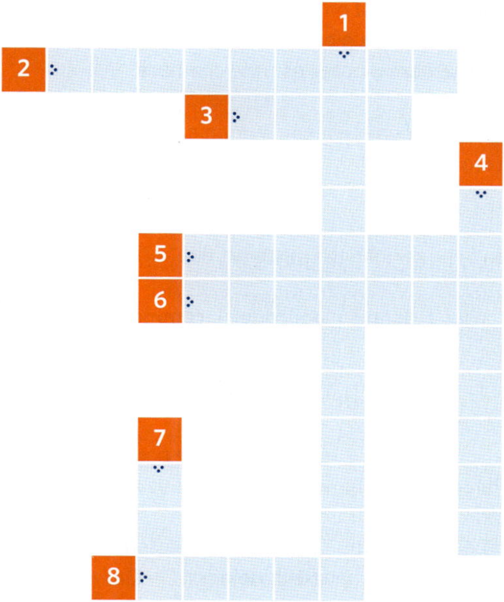

LÖSUNG

5 **1**A; **2**A; **3**B; **4**B • **6** **1.** télécommande; **2.** serviette; **3.** clés; **4.** oreiller; **5.** douche; **6.** armoire; **7.** lit; **8.** table

7

Quiz: Ein paar Fallen sollte man als Tourist in Frankreich vermeiden. Kreuzen Sie **vrai** – *richtig* oder **faux** – *falsch* an. Haben Sie es gewußt?

	vrai	faux
1. Un grand lit n'est pas plus grand que 1,40 m.	☐	☐
2. Le traversin est un oreiller long.	☐	☐
3. Une chambre d'hôtes est une chambre à l'hôtel.	☐	☐
4. Le petit déjeuner est souvent un café et un croissant.	☐	☐

8

Setzen Sie das richtige Fragewort ein.

qui | quand | pourquoi | comment | où | qu'

1. ________________ est-ce que tu fais demain ? - Je vais aller à Lyon.
2. ________________ est-ce que tu ne pars pas en camping ? – Parce que je n'aime pas dormir sous une tente.
3. ________________ est-ce que vous partez ? - À Grenoble.
4. ________________ va-t-il à Madrid ? – Demain.
5. ________________ est-ce que tu trouves l'hôtel ? – Il n'est pas mal.
6. ________________ est là ? – Ouvre, c'est moi !

9

Bringen Sie die Wörter der Fragen in die richtige Reihenfolge.

1. passez | à | une semaine | la mer | -vous | ?

____

2. arrive | elle | -t- | l'hôtel | à quelle heure | à | ?

____

3. -nous | pouvons | des lits jumeaux | avoir | ?

____

4. acceptez | est-ce que | les cartes de crédit | vous | ?

____

10

Tragen Sie den richtigen Buchstaben in das Kästchen ein.

A la réception | B la salle de restaurant | C l'hôtel

1

2

3

LÖSUNG

7 **1.** vrai; **2.** vrai; **3.** faux; **4.** vrai • **8** **1.** Qu'; **2.** Pourquoi; **3.** Où; **4.** Quand; **5.** Comment; **6.** Qui • **9** **1.** Passez-vous une semaine à la mer ?; **2.** À quelle heure arrive-t-elle à l'hôtel ?; **3.** Pouvons-nous avoir des lits jumeaux ?; **4.** Est-ce que vous acceptez les cartes de crédit ? • **10** **1**B; **2**A; **3**C

1

Ergänzen Sie die Postkarte mit den folgenden Wörtern.

séjour | splendide | en vacances | plage
visité | excursions | visite

Chère Élise,

J'espère que tu vas bien. Moi, je suis ________________ en Bretagne, à Saint-Malo, avec Bertrand et les enfants. Nous sommes dans un hôtel ________________ au bord de la mer. Nous en profitons bien. Nous faisons beaucoup d' ________________ : nous avons ________________ le port et les musées du coin. J'ai même rendu ________________ à une ancienne camarade de classe ! Et bien sûr, il y a la ________________ : nous y sommes allés une fois par jour. Mais notre ________________ est presque fini. Je t'appelle à mon retour.

Amitiés et à bientôt !
Aurélie

2

Diese Buchstaben ergeben in der richtigen Reihenfolge ein Partizip. Schreiben Sie das Partizip und den Infinitiv auf.

1. uléo ________ - ________ **2.** sipr ________ - ________

3. atif ________ - ________ **4.** ue ________ - ________

5. élla ________ - ________ **6.** ifni ________ - ________

7. téé ________ - ________ **8.** dunre ________ - ________

3

Kreuzen Sie das richtige Hilfsverb (**avoir** oder **être**) an.

1. Nous ________ visité la vieille ville.
☐ **A** sommes ☐ **B** avons

2. Élodie ________ partie en vacances hier.
☐ **A** est ☐ **B** ai

3. Ils ________ loué un chalet à la montagne.
☐ **A** sont ☐ **B** ont

4. J'________ acheté des jolies cartes postales.
☐ **A** ai ☐ **B** est

5. Franck et Julie ________ montés dans le bateau.
☐ **A** sont ☐ **B** ont

LÖSUNG

1 Reihenfolge: en vacances, splendide, excursions, visité, visite, plage, séjour • **2** **1.** loué, louer; **2.** pris, prendre; **3.** fait, faire; **4.** eu, avoir; **5.** allé, aller; **6.** fini, finier; **7.** été, être; **8.** rendu, rendre • **3** **1B**; **2A**; **3B**; **4A**; **5A**

4

Hier geht es um die Zeiten der Verben. Finden Sie die zur Frage passenden Antworten heraus.

1. Que fais-tu pendant les vacances ?
   - A Je suis allé à la mer.
   - B Je pars en Italie.
   - C Je n'ai rien fait.

2. Qu'est-ce que vous avez visité ?
   - A On visite un château.
   - B Nous allons visiter la ville.
   - C Nous avons visité le musée.

3. Vous allez partir en vacances ?
   - A Oui, on est parti hier.
   - B Oui, on va partir.
   - C Je suis partie.

4. Tu as réservé un appartement ?
   - A Non, je n'ai pas encore réservé.
   - B Oui, j'ai déjà réservé.
   - C Oui, je réserve une chambre.

5

Verbinden Sie beide Satzteile zu sinnvollen Sätzen.

1. Nous avons	___	A sorti en boîte ?
2. Marie est	___	B arrivées hier.
3. Valérie et Léa sont	___	C réservé deux semaines dans le Midi.
4. Est-ce que Luc est	___	D partis à trois heures.
5. Nous sommes	___	E rentrée de voyage.

6

Vervollständigen Sie die Partizipien mit der richtigen Endung.

1. Alice n'est pas allé___ à l'école hier.
2. Mon mari et moi, nous sommes parti___ samedi matin.
3. Anaïs et Laure ont fait___ du shopping hier.
4. Julien, Bastien et Clara ont pris___ le tram et sont allé___ en ville.
5. Chloé s'est levé___ tôt aujourd'hui et est allé___ voir son copain.

7

Sehen Sie sich die Bilder an und notieren Sie den Namen dieser Gepäckstücke auf die freie Zeile.

le sac à dos | la valise | les bagages

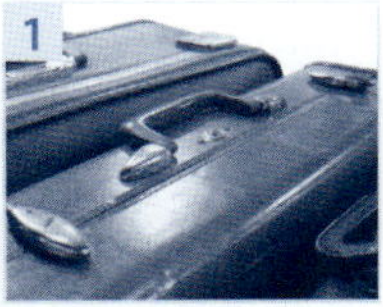

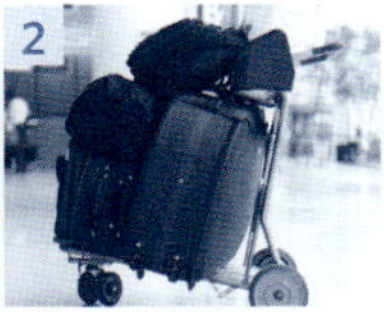

___ ___ ___

LÖSUNG
4 **1**B; **2**C; **3**B; **4**AB • **5** **1**C; **2**E; **3**B; **4**A; **5**D • **6** **1.** allé**e**; **2.** parti**s**; **3.** fait; **4.** pris, allé**s**; **5.** levé**e**, allé**e** • **6** **1.** les valises; **2.** les bagages; **3.** le sac à dos

8

Berichten Sie von Ihrem letzten Urlaub! Bilden Sie aus den Satzelementen sinnvolle Sätze. Denken Sie daran, die Verben im Passé composé zu konjugieren.

1. nous | aller | à la plage.

____

2. j' | écrire | des cartes postales.

____

3. nous | se reposer.

____

4. on | faire | un grand voyage.

____

9

Tragen Sie den richtigen Buchstaben in das Kästchen ein.

A **le drap de bain** | **B** **le parasol** | **C** **la chaise longue**

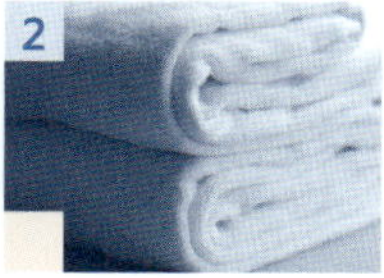

10

Welches Wort passt nicht zu den anderen? Kreuzen Sie es an.

1.
- A mer
- B mère
- C dune
- D plage

2.
- A vacances
- B école
- C congés
- D jour férié

3.
- A île
- B avion
- C bateau
- D ferry-boat

4.
- A se baigner
- B bronzer
- C aller au travail
- D se reposer

11

Quiz: Kennen Sie sich in Frankreich aus? Kreuzen Sie die richtige Antwort an.

1. Auf welcher französischen Insel befindet sich Point-à-Pitre?
   - A la Corse
   - B la Guadeloupe
   - C l'Île de Ré

2. Welches französisches Überseedepartement ist keine Insel?
   - A la Guyane
   - B la Réunion
   - C la Martinique

3. Welche Stadt ist keine Hafenstadt?
   - A Le Havre
   - B Marseille
   - C Toulouse

4. Wo spricht man kein Französisch?
   - A Kanada
   - B Belgien
   - C Niederlande

LÖSUNG

8 1. Nous sommes allé(e)s à la plage.; 2. J'ai écrit des cartes postales.; 3. Nous nous sommes reposé(e)s.; 4. On a fait un grand voyage. • **9** 1C; 2A; 3B • **10** 1B; 2B; 3B; 4C • **11** 1B; 2A; 3C; 4C

1

Tragen Sie die Ländernamen in das Kreuzworträtsel ein.

waagrecht:
2. Spanien
3. Italien
4. Schweiz
7. Griechenland
8. Deutschland

senkrecht:
1. Belgien
5. Schweden
6. Frankreich

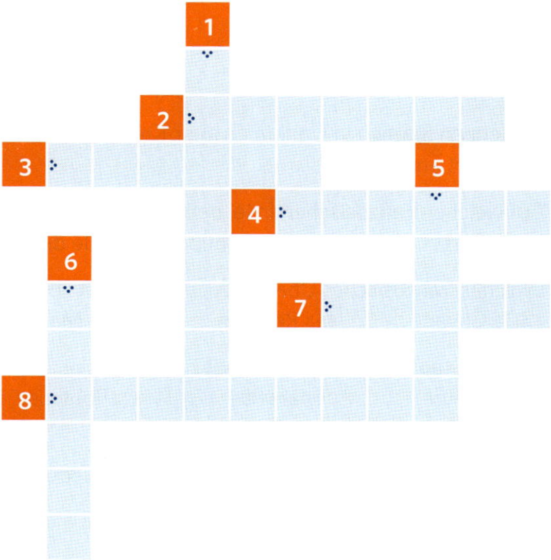

2

Ergänzen Sie die Verbformen von **venir** – *kommen*.

je viens

nous ______

tu ______

vous venez

il / elle ______

ils / elles ______

3

Eine Antwort passt jeweils **nicht**. Welche? Kreuzen Sie sie an.

1. Vous venez d'où ?
- **A** Je viens de Belgique.
- **B** Nous venons de Lille.
- **C** Je vais en Italie.

2. Tu viens d'arriver ?
- **A** Oui, il y a cinq minutes.
- **B** Oui, je viens d'Allemagne.
- **C** Oui, à l'instant.

3. Tu viens ?
- **A** Oui, deux minutes !
- **B** Oui, j'arrive !
- **C** Oui, je viens de rentrer.

4. Il vient quand ?
- **A** Il vient de partir.
- **B** Luc vient demain.
- **C** Il va venir tout à l'heure.

LÖSUNG

1 **1.** Belgique; **2.** Espagne; **3.** Italie; **4.** Suisse; **5.** Suède; **6.** France; **7.** Grèce; **8.** Allemagne • **2** je viens, tu **viens**, il / elle **vient**, nous **venons**, vous venez, ils / elles **viennent** • **3** 1C; 2B; 3C; 4A

4

Quiz: Wie heißt es? Kreuzen Sie die Lösung an.

1. Die Einwohner Deutschlands sind:
   - A les Amandes
   - B les Allemands

2. In Spanien heißt der Einwohner:
   - A l'Espagne
   - B l'Espagnol

3. In Großbritannien spricht man:
   - A anglais
   - B anglaise

4. Die Einwohnerinnen Griechenlands sind:
   - A les Grecs
   - B les Grecques

5. **Italien** im Französischen ist die Bezeichnung für:
   - A das Land
   - B den Einwohner

5

Vervollständigen Sie die Wortreihe mit den passenden Monaten oder Wochentagen.

1. lundi, mardi, ____________, ____________
2. jeudi, ____________, samedi, ____________
3. juillet, ____________, ____________, octobre
4. janvier, ____________, mars, avril, mai, ____________
5. septembre, ____________, novembre, ____________

6

Verbinden Sie die Feiertage mit dem passenden Monat.

1. Noël	___ **A** en mai
2. Pâques	___ **B** en mars ou avril
3. la fête nationale	___ **C** en janvier
4. la journée du travail	___ **D** en juillet
5. le Jour de l'an	___ **E** en juin
6. la Pentecôte	___ **F** en décembre

7

Leider sind die gesuchten Zeitangaben durcheinander geraten. Können Sie sie in die richtige Reihenfolge bringen?

1. Der Monat der Heiligen drei Könige: V E R I N A J

____

2. Es ist zwischen gestern und morgen: J A U D' U I H O R U

____

3. Das Gegenteil von *nie*: J R S T U O O U

____

LÖSUNG

4 **1**B; **2**B; **3**A; **4**B; **5**B • **5** **1.** mercredi, jeudi; **2.** vendredi, dimanche; **3.** août, septembre; **4.** février, juin; **5.** octobre, décembre • **6** **1**F; **2**B; **3**D; **4**A; **5**C; **6**E • **7** **1.** janvier; **2.** aujourd'hui; **3.** toujours

8

Kreuzen Sie die passenden Fragen an. Mehrere Lösungen sind möglich. Wie fragen Sie ...

1. ... nach dem Datum:
- ☐ **A** Quel jour on est ?
- ☐ **B** Nous sommes le combien ?
- ☐ **C** C'est loin ?

2. ... nach der Uhrzeit:
- ☐ **A** Quelle heure est-il ?
- ☐ **B** Quelle direction prends- tu ?
- ☐ **C** Quel jour sommes-nous ?

3. nach einer Menge:
- ☐ **A** Ça pèse combien ?
- ☐ **B** Quel poids fait-il ?
- ☐ **C** C'est à quel prix ?

4. nach dem Wochentag:
- ☐ **A** Le combien sommes-nous ?
- ☐ **B** Quel jour sommes-nous ?
- ☐ **C** C'est quel jour aujourd'hui ?

9

Finden Sie nun die passende Antwort zur Frage.

1. On va au cinéma demain ?

2. Tu es à la maison mercredi midi ?

3. Le week-end prochain, vous êtes là ?

4. Qu'est-ce que tu fais lundi soir ?

___ **A** Ah non, samedi matin, je travaille.

___ **B** Oh, mercredi, je ne suis pas là.

___ **C** Lundi ? Je ne sais pas encore.

___ **D** Oui, bonne idée !

10

Auf den Bildern sehen Sie Kalenderblätter. Ergänzen Sie die Sätze mit dem richtigen Datum.

1. Aujourd'hui, c'est le

________________________.

2. Nous sommes lundi

________________________.

3. Nous avons rendez-vous

le ________________________.

4. Vous arrivez jeudi

________________________.

5. Le ________________________, c'est l'anniversaire d'André.

6. Je ne peux pas venir le

________________________.

LÖSUNG

8 1B; 2A; 3AB; 4BC • **9** 1D; 2B; 3A; 4C • **10** **1.** premier (1er) juillet; **2.** 13 octobre; **3.** 16 février; **4.** 8 mars; **5.** 25 octobre; **6.** 30 août

1

An welchem Ort kann man folgende kulturelle Angebote finden?

1. Pour voir un film, je vais…
- **A** au théâtre.
- **B** au cinéma.

2. Pour écouter de la musique, nous allons…
- **A** au cirque.
- **B** à un concert.

3. Il y a une exposition intéressante…
- **A** au restaurant.
- **B** au musée.

4. J'adore la musique classique, je vais souvent…
- **A** à l'opéra.
- **B** à l'épicerie.

2

Finden Sie die passenden Antworten auf die Fragen. Verbinden Sie.

1. On va au ciné ce soir ?

2. Qu'est-ce que tu fais lundi ? On va à l'exposition de Renoir ?

3. Tu as acheté les billets pour le concert ?

4. On peut entrer ?

___ **A** Oui, c'est 22 euros la place.

___ **B** Oui, allez-y, l'entrée est gratuite.

___ **C** Pas lundi, les musées sont fermés le lundi.

___ **D** Bonne idée ! À la séance de vingt heures ?

3

Welches Adverb (rechts) passt zu welchem Adjektiv (links)? Verbinden Sie.

1. exact	___	**A** premièrement
2. lent	___	**B** vite
3. rapide	___	**C** lentement
4. bon	___	**D** exactement
5. premier	___	**E** bien

4

Bilden Sie das zum angegebenen Adjektiv passende Adverb und vervollständigen Sie die Sätze, z.B. **Il es parti rapidement**.

1. Ce spectacle est ____________________ bien ! (vrai)

2. Nous arrivons ____________________ vers 14 heures. (sûr)

3. Tu as été au cinéma ____________________ ? (dernier)

4. La dernière séance est ____________________ mercredi. (probable)

5. Le film va passer ____________________ sur les écrans. (prochain)

LÖSUNG

1 1B; 2B; 3B; 4A • **2** 1D; 2C; 3A; 4B • **3** 1D; 2C; 3B; 4E; 5A • **4** **1.** vraiment; **2.** sûrement; **3.** dernièrement; **4.** probablement; **5.** prochainement

5

Quiz: Kennen Sie sich aus in der französischen Kunstszene? Kreuzen Sie die richtige Antwort an.

1. Wo gibt es neben Cannes noch ein Filmfestival?
   - A Lille
   - B Deauville
   - C Paris
2. Der Hauptpreis des Filmfestivals von Cannes heißt:
   - A la palme d'or
   - B l'ours d'or
   - C la rose d'or
3. Welche Künstlerin ist keine Schauspielerin?
   - A Audrey Tautou
   - B Carla Bruni
   - C Juliette Binoche
4. Einer dieser Männer ist kein Sänger, welcher?
   - A Luc Besson
   - B Kali
   - C Jacques Brel
5. Montmartre in Paris ist bekannt durch ...
   - A eine Basilika.
   - B einen Film.
   - C viele Künstler.

6

Verbinden Sie die Präposition mit dem passenden Ort. Es ist jeweils nur eine Antwort möglich!

1. à l'	___ A la rue
2. au	___ B France
3. dans	___ C exposition
4. en	___ D cinéma
5. chez	___ E un ami

7

Was würden Sie in den folgenden Situationen sagen oder fragen? Mehrere Antworten können richtig sein. Kreuzen Sie an.

1. Sie stehen an der Kinokasse:
- **A** Deux entrées pour le film avec Johnny Depp.
- **B** La séance est complète.
- **C** Il reste des places pour la séance de 20h ?

2. Sie kommen aus dem Kino heraus:
- **A** C'était super ! Les acteurs sont formidables!
- **B** J'ai adoré ce film !
- **C** On va voir un film ?

3. Sie besuchen eine Kunstaustellung:
- **A** J'adore les pièces de théâtre !
- **B** Les tableaux du peintre sont splendides.
- **C** L'exposition est ouverte aussi le lundi.

4. Sie wollen einen Malkurs belegen:
- **A** Je voudrais de la peinture, s'il vous plaît.
- **B** Je cherche un cours de langues.
- **C** Il y a de la place dans le cours de peinture ?

5. Sie wollen sich verabreden:
- **A** Rendez-vous devant le théâtre à 19h30 !
- **B** On se retrouve au café ?
- **C** Il est quelle heure ?

LÖSUNG

5 1B (Festival des amerikanischen Films); 2A; 3B; 4A (Er ist Regisseur.); 5ABC • **6** 1C; 2D; 3A; 4B; 5E • **7** 1AC; 2AB; 3B; 4C; 5AB

1

Notieren Sie den richtigen Begriff auf der Zeile.

le nuage | le soleil | la lune

1

2

3

______ ______ ______

2

Ergänzen Sie die folgenden Sätze mit dem jeweils passenden Wort. Kreuzen Sie an.

1. Il va ______. Prends un parapluie !
A pleuvoir **B** vouloir

2. Quel ______ va-t-il faire demain ?
A heure **B** temps

3. Il fait très ______. Il n'y a pas de nuages.
A chaud **B** haut

4. Tu as regardé la ______ ? Il va faire beau ?
A météo **B** mer

5. Quel ______ temps aujourd'hui !
A méchant **B** mauvais

6. Au printemps, il fait beau, mais il y a souvent du ______.
A vent **B** neige

3

Ergänzen Sie die Sätze mit der richtigen Form des Verbs in Klammern.

1. Nous ________________ les animaux menacés. (protéger)
2. Les enfants ________________ les papiers dans la poubelle. (jeter)
3. Nous ________________ à comprendre qu'il faut respecter l'environnement. (commencer)
4. Vous ________________ tous les déchets ? (trier)

4

Welche Form von **quel** fehlt? Kreuzen Sie an.

	quel	**quels**	**quelle**	**quelles**
1. C'est à ___ heure ?				
2. ___ sont les dates du voyage ?				
3. ___ sont les jours où tu ne travailles pas ?				
4. ___ temps fait-il ?				
5. C'est de ___ couleur ?				

LÖSUNG

1 **1.** le soleil; **2.** le nuage; **3.** la lune • **2** 1A; 2B; 3A; 4A; 5B; 6A • **3** **1.** protégeons, **2.** jettent; **3.** commençons; **4.** triez • **4** **1.** quelle; **2.** Quelles; **3.** Quels; **4.** Quel; **5.** quelle

5

Sehen Sie sich die Bilder an und verbinden Sie sie mit der passenden Aussage.

1.

2.

3.

4.

___ **A** Il y a du vent dehors. Je vais prendre un bonnet.

___ **B** C'est nuageux, il va faire orage.

___ **C** Regarde, il neige aujourd'hui !

___ **D** Couvre-toi, il fait froid ce matin.

6

Schreiben Sie zunächst die Jahreszeit unter das passende Bild. Danach lesen Sie die Aussagen durch. Jeder Satz entspricht einer Jahreszeit, aber welche? Schreiben Sie den Buchstaben des Satzes in das Kästchen.

le printemps | l'été | l'automne | l'hiver

1

2

3

4

A Quelle chaleur ! Je transpire.

B Les enfants font un bonhomme de neige.

C Les arbres ont changé de couleur. C'est magnifique !

D Regarde, les premières fleurs commencent à pousser !

LÖSUNG

5 **1**B; **2**D; **3**A; **4**C • **6** **1**C l'automne; **2**B l'hiver; **3**A l'été; **4**D le printemps

1

Schreiben Sie die richtige Verbform in die Lücke.

1. mettre – *anziehen*

je mets

tu ______

il / elle met

nous ______

vous mettez

ils / elles ______

2. essayer – *anprobieren*

j'______

tu essaies

il / elle ______

nous essayons

vous ______

ils / elles ______

2

Schreiben Sie die Verbform des angegebenen Verbs in der richtigen Form im Präsens in die Lücke.

1. Tu ______ la robe noire, ce soir ? (mettre)
2. Pierre et Sarah ______ s'acheter une nouvelle voiture. (vouloir)
3. J'______ le manteau vert. (essayer)
4. Tu ______ m'aider ? (pouvoir)
5. Vous ______ les chaussures ? (acheter)
6. Nicole ______ par carte à la caisse. (payer)

3

Wie lauten diese Farben auf Französisch? Bringen Sie die Buchstaben in die richtige Reihenfolge.

1. *weiß* ancbl ______________________
2. *blau* uebl ______________________
3. *grün* evrt ______________________
4. *braun* rroman ______________________
5. *rot* geruo ______________________
6. *schwarz* ionr ______________________
7. *gelb* aujne ______________________
8. *grau* sirg ______________________

4

Was bedeuten die französischen Wendungen?

1. bleu clair	**A** dunkelblau	**B** hellblau
2. à carreaux	**A** kariert	**B** einfarbig
3. vert foncé	**A** dunkelgrün	**B** hellgrün
4. à rayures	**A** gestreift	**B** mit Mustern

LÖSUNG

1 **1.** je mets, tu mets, il / elle met, nous mettons, vous mettez, ils / elles mettent; **2.** j'essaie, tu essaies, il / elle essaie, nous essayons, vous essayez, ils / elles essaient • **2** **1.** mets; **2.** veulent; **3.** essaie; **4.** peux; **5.** achetez; **6.** paie • **3** **1.** blanc; **2.** bleu; **3.** vert; **4.** marron; **5.** rouge; **6.** noir; **7.** jaune; **8.** gris • **4** **1**B; **2**A; **3**A; **4**A

5

Wählen Sie das richtige Adjektiv aus. Achten Sie dabei auf Form und Stellung.

1. Je préfère la robe...
   - A noire.
   - B blanc.
   - C vieil.

2. J'aime bien le pantalon...
   - A nouveau.
   - B noire.
   - C rouge.

3. Avez-vous des pommes...
   - A vert ?
   - B rouge ?
   - C vertes ?

4. Michel s'est acheté une... cravate.
   - A noire
   - B nouvelle
   - C vieil

5. La robe de Léa est très...
   - A beau.
   - B belle.
   - C bel.

6. La jupe ne me va pas, elle est trop...
   - A longue.
   - B court.
   - C bel.

6

Ce, **cet**, **cette** oder **ces**? Schreiben Sie die richtige Form des Demonstrativbegleiters in die Lücke.

1. ______ chaussures te plaisent ?
2. Tu vas acheter ______ jupe-là ? Elle te va bien.
3. Comment trouves-tu ______ chemisier ?
4. ______ anorak m'est beaucoup trop grand.

7

Das Verb **mettre** hat im Französischen viele Bedeutungen: Es kann auch im Sinne von ***setzen***, ***stellen***, ***legen***, ***tun*** etc. verwendet werden. Verbinden Sie die französischen Sätze mit ihren deutschen Entsprechungen.

1. Je mets mes lunettes.	___ **A** Wir decken den Tisch.
2. Elle met sa voiture au garage.	___ **B** Ich setze meine Brille auf.
3. Nous mettons la table.	___ **C** Legst du die Schlüssel auf den Tisch?
4. Tu mets les clés sur la table ?	___ **D** Ich tue zwei Stück Zucker in meinen Kaffee.
5. Vous mettez un manteau ?	___ **E** Sie stellt die Schuhe in den Schrank.
6. Je mets deux sucres dans mon café.	___ **F** Zieht ihr einen Mantel an?
7. Elle met les chaussures dans le placard.	___ **G** Sie stellt ihr Auto in die Garage.

LÖSUNG

5 **1**A; **2**C; **3**C; **4**B; **5**B; **6**A • **6** **1.** Ces; **2.** cette; **3.** ce; **4.** Cet • **7** **1**B; **2**G; **3**A; **4**C; **5**F; **6**D; **7**E

8

Wie fragen Sie ...

1. ... nach der Konfektionsgröße?
   - A Ça fait quel poids ?
   - B C'est quelle taille ?
   - C À quelle heure ?

2. ... nach der Schuhgröße?
   - A Vous avez du 40 ?
   - B C'est quelle pointure ?
   - C Ce sont ces chaussures ?

3. ... ob es Ihnen passt?
   - A Comment trouvez-vous ce vert ?
   - B Vous allez bien ?
   - C Ça me va bien ?

4. ... nach der Farbe?
   - A Vous l'avez aussi en 40 ?
   - B C'est de quelle couleur ?
   - C Cette jupe me va ?

9

Verbinden Sie die Frage mit der passenden Antwort.

1. Le pull vous plaît ?
2. Je peux vous aider ?
3. Je peux l'essayer ?
4. Tu préfères le jaune ou le bleu ?
5. Vous faites quelle taille ?
6. Comment tu trouves ce pantalon ?

___ A Il ne te va pas du tout !
___ B Oui, il est très joli, mais il est un peu large.
___ C Le jaune, il te va très bien !
___ D Bien sûr ! Les cabines d'essayage sont là-bas.
___ E Je fais du 40.
___ F Oui, je cherche ces chaussures en 39.

10

Wortgitter: Finden Sie die französischen Kleidungstücke im Gitter wieder? Die Buchstaben in den hinterlegten Kästchen ergeben in der richtigen Reihenfolge ein weiteres Kleidungsstück als Lösungswort.

Anzug	Jacke	Schuh	Bluse
Handschuh	Rock	Mantel	Winterjacke
Hemd	Kleid	Mütze	Schal

A	R	C	H	E	M	I	S	I	E	R
C	O	C	H	A	U	S	S	U	R	E
U	B	O	N	N	E	T	H	A	S	É
V	E	S	T	E	G	A	N	T	I	C
T	P	T	A	N	O	R	A	K	S	H
H	J	U	P	E	M	T	E	O	P	A
M	I	M	A	N	T	E	A	U	A	R
C	H	E	M	I	S	E	E	M	S	P
X	Ê	L	M	U	I	È	É	À	F	E

Lösungswort: ______________________

LÖSUNG

8 1B; 2AB; 3C; 4B • **9** 1B; 2F; 3D; 4C; 5E; 6A • **10** waagerecht: chemisier, chaussure, bonnet, veste, gant, anorak, jupe, manteau, chemise; 2. senkrecht: robe, costume, écharpe; Lösungswort: chaussettes

1

Lösen Sie das Kreuzworträtsel und tragen Sie die entsprechenden französischen Wörter ein.

waagrecht:
1. Haus
2. Flur
3. Terrasse

senkrecht:
4. Schlafzimmer
5. Keller
6. Wohnzimmer
7. Arbeitszimmer
8. Küche

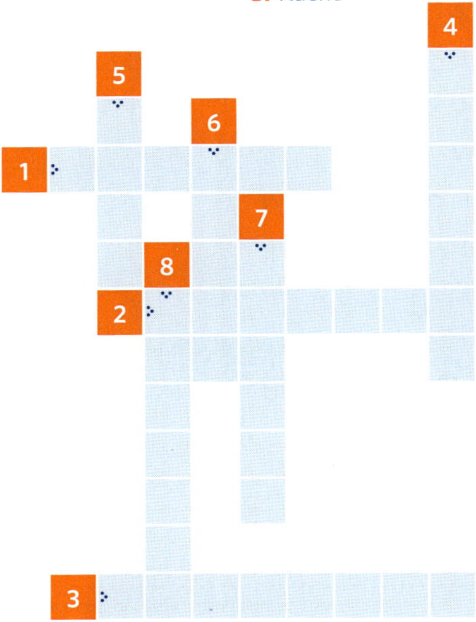

2

Was macht man vorzugsweise in welchem Zimmer? Verbinden Sie.

1. la salle de bains	___	**A**	manger
2. la salle à manger	___	**B**	travailler
3. le salon	___	**C**	dormir
4. la chambre	___	**D**	préparer les repas
5. le bureau	___	**E**	se laver
6. la cuisine	___	**F**	regarder la télé

3

Sehen Sie sich die Bilder an und schreiben Sie den passenden Begriff in die Lücke.

la table | l'armoire | la chaise

_______________ _______________ _______________

LÖSUNG **1 1.** maison; **2.** couloir; **3.** terrasse; **4.** chambre; **5.** cave; **6.** salon; **7.** bureau; **8.** cuisine • **2 1**E; **2**A; **3**F; **4**C; **5**B; **6**D • **3 1.** la chaise; **2.** la table; **3.** l'armoire

4

Notieren Sie den Buchstaben in das richtige Kästchen.

A la machine à laver | **B** l'évier | **C** la baignoire
D le tapis | **E** le téléviseur | **F** le miroir

1
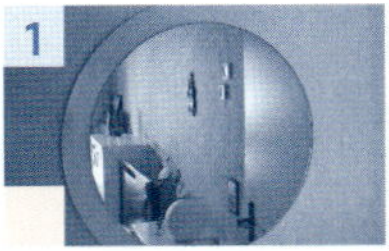

2

3

4

5

6

5

Welcher Gegenstand gehört in dieses Zimmer? Sie können auch mehrere Sachen ankreuzen.

1. Dans la chambre, il y a…
- **A** un lit.
- **B** une lampe.
- **C** une machine à laver.

2. Dans le salon, on a…
- **A** une télé.
- **B** un lavabo.
- **C** un canapé.

3. Dans la salle de bains, il y a…
- **A** un ordinateur.
- **B** un miroir.
- **C** une douche.

4. Dans la cuisine, nous avons…
- **A** un évier.
- **B** une baignoire.
- **C** une armoire.

6

Kreuzen Sie das richtige direkte Objektpronomen an, um Wiederholungen zu vermeiden.

1. Comment trouves-tu la maison ? - Je ____ trouve très belle !
   A le   B la
2. Vous avez une télé dans la chambre ? - Non, nous ____ avons mise dans le salon.
   A la   B l'
3. Tu donnes le vieil ordinateur à Marie ? - Oui, je ____ donne à Marie.
   A l'   B le
4. Tu cherches ton porte-monnaie ? - Oui, je ne ____ trouve plus.
   A le   B l'

7

Suchen Sie die Verbformen von **vivre** – *leben* und **dire** – *sagen* in den Wortschlangen. Kreisen Sie sie ein.

1. visvavitvitevivonsvistonsvisezvivezvoitviennenttvoientvivent

2. ddiissdistiditdionssdisonsdisédisezditesditentdittentdisent

LÖSUNG

4 1F; 2C; 3A; 4B; 5E; 6D • 5 1AB; 2AC; 3BC; 4A • 6 1B; 2B; 3B; 4A •
7 1. vis, vit, vivons, vivez, vivent; 2. dis, dit, disons, dites, disent

8

Verbinden Sie die Frage mit der passenden Antwort.

1. Combien coûte le loyer ?
2. Les charges sont comprises ?
3. Le quartier est bruyant ?
4. Est-ce qu'on a une vue sur la mer ?

___ A Non, c'est très calme ici.

___ B C'est 500 euros par mois.

___ C Oui, on voit la mer de loin.

___ D Non, elles sont en supplément.

9

Ersetzen Sie den unterstrichenen Satzteil, indem Sie das richtige direkte Objektpronomen in die Lücke schreiben.

1. Je regarde Muriel.
   → Je ______ regarde.
2. Isabelle cherche les clés de la maison.
   → Isabelle ______ cherche.
3. Vous regardez des photos de vacances.
   → Vous ______ regardez.
4. Ils louent l'appartement.
   → Ils ______ louent.
5. Nous aimons beaucoup cette maison.
   → Nous ______ aimons beaucoup.

10

Kennen Sie schon diese Gegenstände? Kreuzen Sie den passenden Begriff an.

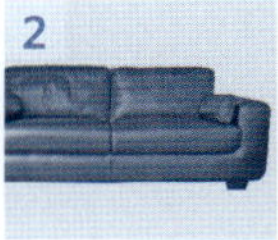

1. ☐ **A** la chaise ☐ **B** la voiture ☐ **C** le fauteuil

2. ☐ **A** le canapé ☐ **B** la télé ☐ **C** le lit

3. ☐ **A** l'armoire ☐ **B** l'étagère ☐ **C** le couloir

4. ☐ **A** la chambre ☐ **B** le tableau ☐ **C** le bureau

11

Folgende Wörter sind durcheinander geraten. Bringen Sie die Buchstaben in die richtige Reihenfolge, um Begriffe rund um das Thema Wohnen zu finden.

1. N A J I R D ____________________

2. N L O A B C ____________________

3. I R S A L E C E ____________________

4. S E- D S A R Z- H C E U É E ____________________

LÖSUNG

8 1B; 2D; 3A; 4C • **9** 1. la; 2. les; 3. les; 4. le; 5. l' • **10** 1C; 2A; 3B; 4C •
11 1. jardin; 2. balcon; 3. escalier; 4. rez-de-chaussée

1

Vervollständigen Sie die Konjugation von **savoir** – *wissen, können* und **devoir** – *müssen, sollen* im Präsens.

1. **savoir:** je ____________, tu sais, il / elle ____________, nous ____________, vous ____________, ils / elles ____________

2. **devoir:** je dois, tu ____________, il / elle ____________, nous ____________, vous ____________, ils / elles doivent

2

Welches Wort passt nicht zu den anderen? Kreuzen Sie es an.

1.
- A entreprise
- B bureau
- C chambre
- D collègue

2.
- A ouvrier
- B usine
- C fourchette
- D entreprise

3.
- A boucher
- B boucherie
- C pâtisserie
- D viande

4.
- A faire un stage
- B faire du vélo
- C faire un apprentissage
- D faire des études

5.
- A métier
- B profession
- C tradition
- D boulot

6.
- A T.G.V.
- B C.V.
- C lettre de motivation
- D candidature

3

Verbinden Sie den Beruf links mit dem entsprechenden Arbeitsort rechts.

1. l'instituteur ___ **A** le restaurant

2. la serveuse ___ **B** l'entreprise

3. le médecin ___ **C** l'hôtel

4. le réceptionniste ___ **D** l'école

5. le technicien ___ **E** l'aéroport

6. le pilote ___ **F** l'hôpital

4

Welches indirekte Objektpronomen passt in die Lücke? Kreuzen Sie es an.

1. Un instant, je ____ le passe ! ☐ **A** vous ☐ **B** lui

2. Vous ____ avez dit ? ☐ **A** la ☐ **B** lui

3. Ils ____ ont proposé un nouveau poste. ☐ **A** m' ☐ **B** l'

4. Je vais ____ demander. ☐ **A** se ☐ **B** leur

5. Je ____ souhaite bon courage. ☐ **A** la ☐ **B** lui

LÖSUNG

1 **1.** je **sais**, il / elle **sait**, nous **savons**, vous **savez**, ils / elles **savent**; **2.** tu **dois**, il / elle **doit**, nous **devons**, vous **devez** • **2** **1C**; **2C**; **3C**; **4B**; **5C**; **6A** • **3** **1D**; **2A**; **3F**; **4C**; **5B**; **6E** • **4** **1A**; **2B**; **3A**; **4B**; **5B**

5

Vervollständigen Sie die Sätze durch das passende indirekte Objektpronomen, die deutsche Angabe in Klammern hilft Ihnen.

1. Pierre __________ a envoyé une lettre de motivation. *(ihnen)*
2. Je __________ donne mon numéro de téléphone. *(dir)*
3. La secrétaire __________ a donné le nom du responsable. *(mir)*
4. Les Martin __________ ont vendu une voiture ? *(ihr)*
5. Je __________ propose de faire un stage chez nous. *(Ihnen)*
6. Le vendeur __________ a fait un bon prix ? *(euch)*

6

Kreuzen Sie die passenden Lösungen an. Es können mehrere Antworten richtig sein.

1. Wie fragen Sie jemanden, wo er arbeitet?
   - ☐ **A** Où est-ce que tu travailles ?
   - ☐ **B** Tu travailles dans quelle entreprise ?
   - ☐ **C** Quel est ton travail ?

2. Wie fragen Sie jemanden, was er beruflich macht?
   - ☐ **A** Que faites-vous dans la vie ?
   - ☐ **B** Qu'est-ce que tu fais le lundi ?
   - ☐ **C** Qu'est-ce que tu fais comme métier ?

3. Wie sagen Sie, dass Sie Urlaub haben.

- **A** Vive les vacances !
- **B** Je suis en congé.
- **C** Nous sommes en Italie.

4. Wie sagen Sie, dass Sie ein Praktikum machen möchten.

- **A** Je voudrais faire un stage.
- **B** Vous prenez des stagiaires ?
- **C** Est-ce que le stage commence dimanche ?

7

Ergänzen Sie die Tabelle mit dem jeweiligen fehlenden männlichen oder weiblichen Gegenstück.

	männlich	weiblich
1.	le directeur	________
2.	________	la coiffeuse
3.	l'infirmier	________
4.	________	la dentiste
5.	________	la bouchère
6.	le serveur	________
7.	le technicien	________

LÖSUNG

5 **1.** leur; **2.** te; **3.** m'; **4.** lui; **5.** vous; **6.** vous • **6** **1**AB; **2**AC; **3**B; **4**AB •
7 **1.** la directrice; **2.** le coiffeur; **3.** l'infirmière; **4.** le dentiste; **5.** le boucher;
6. la serveuse; **7.** la technicienne

8

Auf den Bildern sehen Sie verschiedene Personen. Ergänzen Sie die Sätze mit der passenden Berufsbezeichnung.

retraités | ingénieur | vendeuse | boulanger
cuisinière | serveur

1. Je m'appelle Florence et je suis ______________.

2. Je suis ______________ dans un grand restaurant.

3. Paul est souvent sur les chantiers, il est ______________.

4. Lucie est ______________ ? Elle travaille où ?

5. Vous connaissez Luc ? Il est ______________.

6. Lucette et Léon ne travaillent plus, ils sont ______________.

9

Lesen Sie den folgenden Dialog aufmerksam durch. Es geht um ein Bewerbungsgespräch. Ergänzen Sie die Lücken mit den untenstehenden Vokabeln.

annonce | jour d'essai | C.V. | job d'été
recherchons | bars | expérience

- Ah, Bonjour M. Dumoulin, prenez place ! Vous cherchez un ______________ **1** ?
- Merci. Oui, j'ai lu l' ______________ **2** dans le journal.
- Exactement ! Nous ______________ **3** actuellement un jeune serveur pour la salle de restaurant. J'ai déjà regardé votre ______________ **4**. Vous avez de l' ______________ **5** dans le métier ?
- Oui, j'ai toujours travaillé dans des ______________. **6**
- Très bien, vous pouvez faire un ______________ **7** demain, si vous voulez.
- Oh, oui, avec plaisir !

LÖSUNG
8 **1.** cuisinière; **2.** serveur; **3.** ingénieur; **4.** vendeuse; **5.** boulanger; **6.** retraités • **9** **1.** job d'été; **2.** annonce; **3.** recherchons; **4.** C.V.; **5.** expérience; **6.** bars; **7.** jour d'essai

22

1

Bilden Sie das **Futur simple** des angegeben Verbs in der angegebenen Person wie im Beispiel.

1. travailler — je *travaillerai*
2. aller — tu ______
3. pouvoir — il ______
4. prendre — nous ______
5. avoir — vous ______
6. choisir — elles ______
7. être — je ______

2

Verbinden Sie die Begriffe, die zusammenpassen.

1. la télé	___ A le clavier
2. l'ordinateur	___ B la télécommande
3. l'imprimante	___ C un e-mail
4. l'annonce	___ D l'antenne
5. écrire	___ E le papier
6. la radio	___ F Internet
7. surfer	___ G le journal

3

Kreuzen Sie die passende Antwort an. Es sind jeweils zwei richtige Antworten möglich.

1. Qu'est-ce que vous lisez ?
- **A** Un livre.
- **B** Un magasin.
- **C** Un magazine.

2. Qu'est-ce que tu écris ?
- **A** Une lettre.
- **B** Un e-mail.
- **C** Un journal.

3. Qu'est-ce que tu fais à l'ordinateur ?
- **A** Je surfe.
- **B** Je chatte.
- **C** Je dors.

4. À quoi vous jouez ?
- **A** À demain.
- **B** À l'ordinateur.
- **C** À un jeu.

4

Ergänzen Sie die Sätze, indem Sie die die Verben ins **Futur simple** setzen.

1. Je lis un livre sur la France.

Dimanche, ______________________________.

2. Muriel regarde la télé.

Demain, ______________________________.

3. Nous écoutons de la musique à la radio.

Ce soir, ______________________________.

LÖSUNG

1 **2.** tu iras; **3.** il pourra; **4.** nous prendrons; **5.** vous aurez; **6.** elles choisiront; **7.** je serai • **2** **1**B; **2**A; **3**E; **4**G; **5**C; **6**D; **7**F • **3** **1**AC; **2**AB; **3**AB; **4**BC • **4** **1.** je lirai un livre sur la France; **2.** Muriel regardera la télé; **3.** nous écouterons de la musique à la radio

5

Quiz: Kreuzen Sie die richtige Lösung an.

1. Die größte französische Tageszeitung ist:
   - **A** La Terre
   - **B** Le Monde

2. Ein berühmter französischer Schriftsteller ist:
   - **A** Jacques Prévert
   - **B** Jacques Brel

3. Wenn man ***online*** arbeitet, ist man:
   - **A** sur le surf
   - **B** en ligne

4. Eine E-Mail nennt man auch:
   - **A** le courrier
   - **B** le courriel

6

Beantworten Sie die Fragen mit den Satzelementen, die Sie zur Verfügung haben. Achten Sie dabei auf die Zeiten der Verben.

1. Comment sera le temps demain ? (demain / faire / beau)

   ____

2. Qu'est-ce que tu fais ce soir ? (ce soir / chatter / avec des amis)

   ____

   ____

3. Où est-ce que vous êtes allés hier ? (hier / aller / en ville)

   ____

   ____

7

Notieren Sie den Buchstaben in das richtige Kästchen.

A le téléphone | **B** la souris | **C** la clé USB
D le C.D. | **E** le portable | **F** le MP3

1

2

3

4
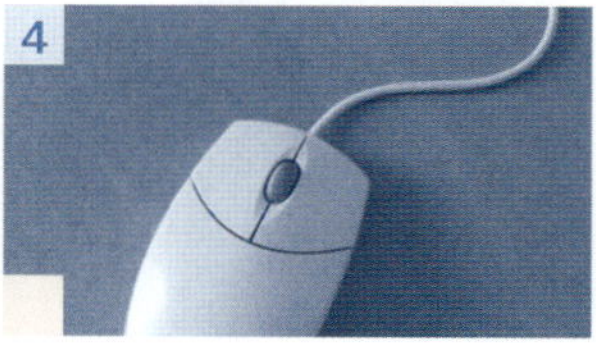

5
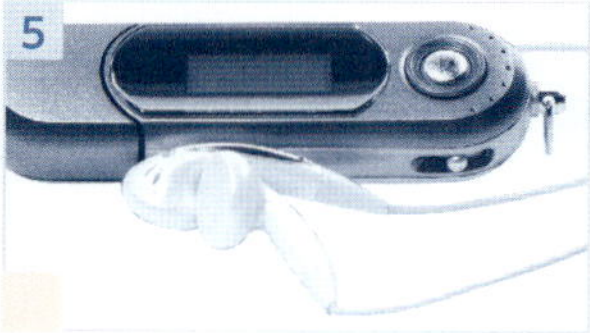

6

LÖSUNG

5 **1**B; **2**A; **3**B; **4**B • **6** **1.** Demain, il **fera** beau.; **2.** Ce soir, je **chatte** avec des amis.; **3.** Hier, nous **sommes allés** en ville. • **7** **1**D; **2**E; **3**C; **4**B; **5**F; **6**A

1

Schreiben Sie den passenden Begriff in die Lücke.

la boîte aux lettres | le timbre | la lettre | la carte postale

1. ______________________

2. ______________________

3. ______________________

4. ______________________

2

Ergänzen Sie die Konjugation des Verbs **croire** – *glauben* im Präsens.

je crois	nous croyons
tu ______	vous ______
il / elle ______	ils / elles ______

3

Kreuzen Sie an, ob diese Formulierungen für private oder offizielle Briefe geeignet sind.

	privé	officiel
1. Amitiés	☐	☐
2. Cordialement	☐	☐
3. Veuillez agréer mes salutations distinguées.	☐	☐
4. Grosses bises	☐	☐
5. À bientôt !	☐	☐

4

Verbinden Sie die französischen Bezeichnungen links mit der deutschen Entsprechung rechts.

1. la police	___ **A** Feuerwehr
2. les pompiers	___ **B** medizinischer Notdienst
3. le S.A.M.U.	___ **C** Polizei
4. la banque	___ **D** Rathaus
5. la mairie	___ **E** Bank

LÖSUNG

1 **1.** la lettre; **2.** le timbre; **3.** la carte postale; **4.** la boîte aux lettres • **2** je crois, tu **crois**, il / elle **croit**, nous croyons, vous **croyez**, ils / elles **croient** • **3** **1.** privé; **2.** officiel; **3.** officiel; **4.** privé; **5.** privé • **4** **1**C; **2**A; **3**B; **4**E; **5**D

5

Lesen Sie den Brief an das Fremdenverkehrsamt und ergänzen Sie ihn mit den passenden Wörtern.

hôtels | d'avance | intention | renseignements
meilleures | Monsieur | envoyer

Madame, ______________________ ,

Je désire passer quelques semaines de vacances dans la région du Périgord. J'ai l' ______________________ de partir mi-juin et de revenir fin juillet.

Pouvez-vous m'adresser une liste des ______________________ et des campings autour de Bergerac ? Pensez à joindre la liste des prix.

Je voudrais également avoir plus de ______________________ pour organiser mon séjour. Pourriez-vous aussi m' ______________________ une carte de la région et des dépliants sur les curiosités touristiques principales ?

Je vous remercie ______________________.

Veuillez agréer, Madame, Monsieur, mes ______________________ salutations.

Jean Dujardin

6

Erkennen Sie diese Wörter rund um das Thema Polizei? Bringen Sie die Buchstaben in die richtige Reihenfolge, die deutsche Übersetzung hilft Ihnen sicherlich.

1. p d r e e r *(verlieren)* ____________________

2. l o r e v *(stehlen)* ____________________

3. e t n i a l p *(Anzeige)* ____________________

4. é m i n t o *(Zeuge)* ____________________

5. e i c o p l *(Polizei)* ____________________

7

Setzen Sie die Verben in Klammern in den Imperativ, wie im ersten Beispielsatz.

1. Parle plus fort, je ne t'entends pas ! (parler, Sg.)

2. Ne te ____________________ pas ! (déranger)

3. ____________________-y ! Je te rejoins plus tard. (aller)

4. ____________________ la vaisselle, tu sortiras après ! (finir)

5. ____________________-moi ! J'arrive ! (attendre, 2. Pers. Pl.)

6. Mais ____________________ un peu attention ! (faire, 2. Pers. Pl.)

LÖSUNG

5 Monsieur; intention; hôtels; renseignements; envoyer; d'avance; meilleures • **6** **1.** perdre; **2.** voler; **3.** plainte; **4.** témoin; **5.** police • **7** **2.** dérange; **3.** Vas; **4.** Finis; **5.** Attendez; **6.** faites

8

Bilden Sie aus den Satzelementen Empfehlungen, indem Sie den Imperativ verwenden. Das Pronomen in Klammern hilft Ihnen, das Verb in der richtigen Person zu schreiben.

1. téléphoner | banque (tu)

___

2. appeler | police (vous)

___

3. écrire | de réclamation | lettre | mairie (nous)

___

___

4. faire une demande | préfecture (vous)

___

9

Können Sie diese Begriffe einem Bild zuordnen?

A une pièce de un euro | **B** la carte bancaire
C un billet de 50 euros | **D** le porte-monnaie
E le passeport

1

2
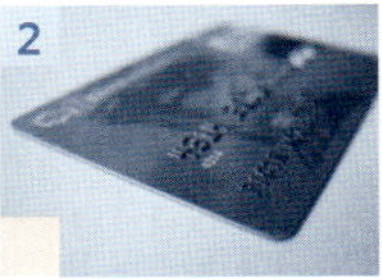

3

4

5

10

Das Verb **(se) passer** hat im Französischen viele Bedeutungen. Verbinden Sie die französischen Sätze mit ihren deutschen Entsprechungen.

1. Je passerai demain à huit heures.
2. Nous passons les vacances en Bretagne.
3. Qu'est-ce qui se passe ?
4. Passe-moi le pain, s'il te plaît !
5. La voiture est passée au feu rouge.
6. Attends-moi là, je passe à la caisse.
7. Un instant, je te le passe !

___ **A** Das Auto ist bei rot über die Ampel gefahren.
___ **B** Einen Augenblick bitte, ich gebe ihn dir!
___ **C** Gib mir das Brot bitte!
___ **D** Was ist los?
___ **E** Wir verbringen unsere Ferien in der Bretagne.
___ **F** Warte hier auf mich, ich gehe zur Kasse.
___ **G** Ich komme morgen um 8 Uhr vorbei.

LÖSUNG

8 **1.** Téléphone à la banque.; **2.** Appelez la police.; **3.** Écrivons une lettre de réclamation à la mairie.; **4.** Faites une demande à la préfecture. • **9** **1**E; **2**B; **3**A; **4**D; **5**C • **10** **1**G; **2**E; **3**D; **4**C; **5**A; **6**F; **7**B

1

Kennen Sie diese Körperteile auf Französisch? Tragen Sie den Buchstaben in das richtige Kästchen ein.

A le dos | **B** le ventre | **C** le cou | **D** l'oreille | **E** la main
F les pieds | **G** la bouche | **H** le genou | **I** le doigt

1
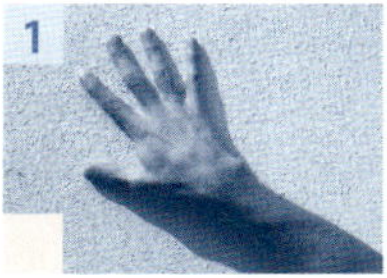

2
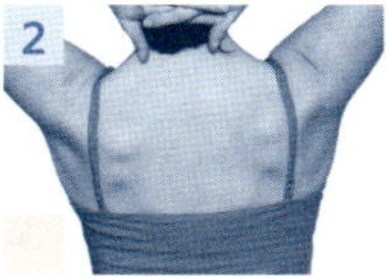

3
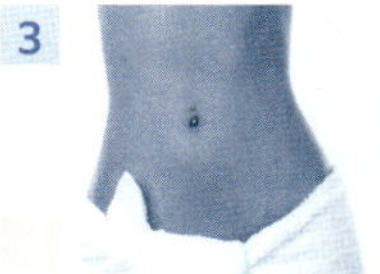

4
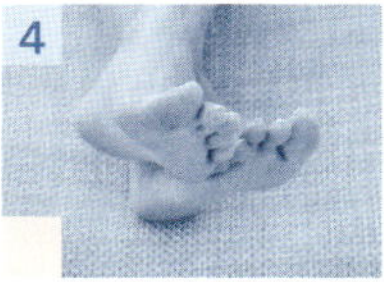

5
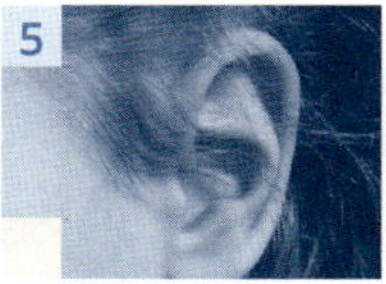

6
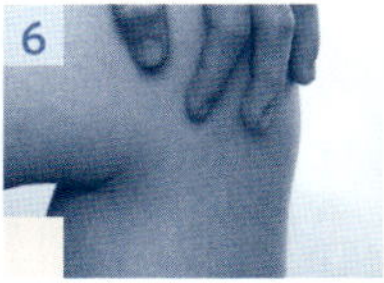

7
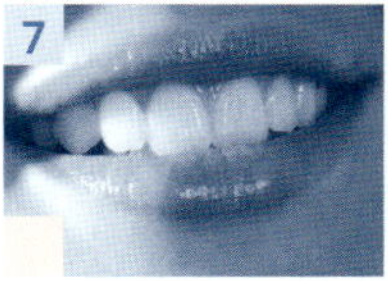

8
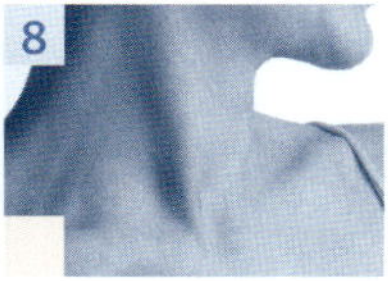

9
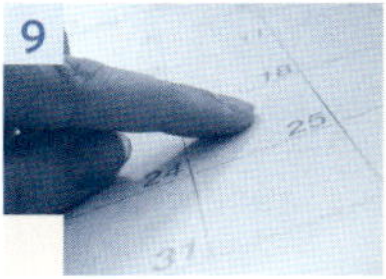

2

Ergänzen Sie die Wendungen mit dem passenden Begriff. Die genaue Bedeutung der Wendung finden Sie in den Lösungen.

1. Lilan ne connaît pas la réponse, il donne sa ______ au chat.
- **A** bouche
- **B** langue

2. Elle a appris son poème par ______ !
- **A** cœur
- **B** dos

3. C'est facile, on y arrive les ______ dans le nez.
- **A** pieds
- **B** doigts

4. Laurent aime bien les bons plats, c'est une fine ______.
- **A** bouche
- **B** tête

5. Ça m'énerve, j'en ai plein le ______.
- **A** ventre
- **B** dos

6. Les moules n'était pas fraîches. J'ai mal au ______.
- **A** cœur
- **B** pied

LÖSUNG

1 1E; 2A; 3B; 4F; 5D; 6H; 7G; 8C; 9I • **2** 1B (**donner sa langue au chat** - *das Raten aufgeben*); 2A (**apprendre par cœur** - *auswendig lernen*); 3A (**y arriver les doigts dans le nez** - *etwas mit links schaffen*); 4A (**être une fine bouche** - *ein Feinschmecker sein*); 5B (**en avoir plein le dos** - *die Nase voll haben*); 6A (**avoir mal au cœur** - *es ist einem übel*)

3

Vervollständigen Sie die Sätze mit dem richtigen Possessivbegleiter. Die deutschen Begriffe in Klammern helfen Ihnen dabei.

1. _______ amie s'appelle Julie. *(meine)*
2. _______ enfants jouent dans le jardin. *(unsere)*
3. Je suis en vacances chez _______ tante. *(meine)*
4. _______ mains sont propres ? *(deine)*
5. _______ appartement est dans le centre-ville. *(ihr, 3. Pers. Pl.)*
6. Alice est _______ sœur ou _______ cousine ? *(seine)*

4

Welches Wort passt nicht zu den anderen? Kreuzen Sie es an.

1.
   - **A** le visage
   - **B** les yeux
   - **C** les pieds
   - **D** le nez
2.
   - **A** la bouche
   - **B** les mains
   - **C** les dents
   - **D** la langue
3.
   - **A** le corps
   - **B** les feuilles
   - **C** les os
   - **D** les muscles
4.
   - **A** les organes
   - **B** le cœur
   - **C** l'estomac
   - **D** le cheval

5

Zur Körperpflege gehören viele Alltagssituationen, die Sie bereits aus der Lektion 5 kennen. Verbinden Sie die französischen Wendungen links mit ihren deutschen Entsprechungen rechts.

1. se raser	___ **A** baden
2. se coiffer	___ **B** sich die Hände waschen
3. se brosser les dents	___ **C** sich die Zähne putzen
4. prendre une douche	___ **D** duschen
5. se laver les mains	___ **E** sich rasieren
6. prendre un bain	___ **F** sich kämmen

6

Welcher Begleiter passt in die Lücke? Kreuzen Sie an.

1. Tu n'as pas vu ____ brosse à cheveux ?	**A** ma	**B** ta
2. ____ hôtel est loin du centre.	**A** Sa	**B** Son
3. ____ voiture est en panne ?	**A** Votre	**B** Mon
4. Voici Claire, l'amie de ____ cousin.	**A** votre	**B** vos
5. ____ yeux me font mal.	**A** Mes	**B** Nos
6. ____ maison est magnifique.	**A** Leur	**B** Leurs

LÖSUNG

3 **1.** Mon; **2.** Nos; **3.** ma; **4.** Tes; **5.** Leur; **6.** sa, sa, sa • **4** 1C; 2B; 3B; 4D • **5** 1E; 2F; 3C; 4D; 5B; 6A • **6** 1A; 2B; 3A; 4A; 5A; 6A

1

Verbinden Sie die Beschwerden in der linken Spalte mit den Krankheitsbildern in der rechten Spalte.

1. J'ai très mal à la gorge.
2. Je suis au lit et j'ai de la fièvre.
3. J'ai un peu mal à la gorge et le nez qui coule.
4. J'ai mal au ventre.

___ **A** la grippe
___ **B** le rhume
___ **C** la gastrite
___ **D** l'angine

2

Was bedeuten die folgenden Sätze auf Deutsch? Kreuzen Sie die jeweils richtige Lösung an.

1. Où est-ce que ça vous fait mal ?
   - **A** Wo kommt es her?
   - **B** Wer hat es gehört?
   - **C** Wo tut es weh?
2. J'ai de la fièvre.
   - **A** Mir ist warm.
   - **B** Ich habe Fieber.
   - **C** Ich habe Hunger.
3. Voici votre ordonnance.
   - **A** Hier ist Ihr Rezept.
   - **B** Hier ist Ihre Überweisung.
   - **C** Hier ist Ihre Anweisung.
4. J'ai mal au cœur.
   - **A** Ich habe Herzschmerzen.
   - **B** Mir ist schlecht.
   - **C** Ich habe Halsschmerzen.

126 | 127

3

Vervollständigen Sie die Konjugation der beiden Verben im **Imparfait**.

1. demander : je ______________, tu demandais, il / elle ______________, nous demandions, vous ______________, ils / elles ______________

2. être : j'étais, tu ______________, il / elle ______________, nous ______________, vous ______________, ils / elles étaient

4

Füllen Sie die Lücken mit den Verben im Imparfait.

1. Le médecin lui ______________ une ordonnance pendant qu'il ______________. (faire / s'habiller)

2. Il ______________ mal à la jambe. (avoir)

3. Nicolas ______________ malade et il ______________ beaucoup. (être / dormir)

4. J'______________ la grippe la semaine dernière. (avoir)

5. Le matin, elle ______________ ses médicaments. (prendre)

LÖSUNG

1 1D; 2A; 3B; 4C • **2** 1C; 2B; 3A; 4B • **3** **1.** je **demandais**, il / elle **demandait**, vous **demandiez**, ils / elles **demandaient** ; **2.** tu **étais**, il / elle **était**, nous **étions**, vous **étiez** • **4** **1.** faisait, s'habillait; **2.** avait; **3.** était, dormait; **4.** avais; **5.** prenait

5

Kreuzen Sie die passende Antwort an.

1. Wie sagen Sie, dass Ihnen der Kopf weh tut?
   - **A** J'ai mal au dos.
   - **B** Ça me fait mal.
   - **C** J'ai mal à la tête.

2. Was wünscht Ihnen der Arzt, wenn Sie gehen?
   - **A** Bon anniversaire !
   - **B** Bon rétablissement !
   - **C** Bon voyage !

3. Wie sagen Sie, dass Sie kein Fieber haben?
   - **A** J'ai de la fièvre.
   - **B** Je n'ai pas de fièvre.
   - **C** Je n'ai pas chaud.

4. Wie sagen Sie, dass Sie husten?
   - **A** J'ai mal aux yeux.
   - **B** Je tousse beaucoup.
   - **C** J'ai mal au cou !

6

Vervollständigen Sie die Sätze mit dem passenden Wort.

enrhumé | la tête | la toux | cassé | malade | au cœur

1. Je suis tombé, je crois que mon bras est ______________.
2. J'ai trop mangé, maintenant j'ai mal ______________.
3. Je n'ai pas bien dormi et j'ai mal à ______________.
4. Est-ce que vous avez un sirop contre ______________ ?
5. Tu es ______________ ? Tu es toute pâle.
6. Tu es déjà ______________, prends ton écharpe !

7

Quiz: Sind folgende Aussagen richtig oder falsch? Kreuzen Sie an.

1. Chez le médecin en France on doit payer tout de suite la consultation.

- **A** vrai
- **B** faux

2. Le docteur pour les dents s'appelle le dentiste.

- **A** vrai
- **B** faux

3. Quand quelqu'un éternue, on dit « Santé ! ».

- **A** vrai
- **B** faux

4. La Sécurité sociale est un service de la police.

- **A** vrai
- **B** faux

8

Bringen Sie die Buchstaben dieser Wörter zum Thema Gesundheit in die richtige Reihenfolge.

1. é t n a s ________________

2. d a a l i m e ________________

3. e u i q c n l i ________________

4. p e r p g i ________________

5. g y l g u n é o o c e ________________

LÖSUNG

5 **1**C; **2**B; **3**B; **4**B • **6** **1.** cassé; **2.** au cœur; **3.** la tête; **4.** la toux; **5.** malade; **6.** enrhumé • **7** **1**A; **2**A; **3**B (Vorsicht, falscher Freund! Wenn jemand niest sagt man: **À tes / À vos souhaits !** Dagen bedeutet **Santé !** *Prost!*, wenn man mit jemandem anstößt.); **4**B (Es ist die staatliche Krankenversicherung.) • **8** **1.** santé; **2.** maladie; **3.** clinique; **4.** grippe; **5.** gynécologue

9

Kreuzen Sie das richtige Verb an. Achten Sie dabei auf die Zeitenfolge.

1. Je ______ chez le docteur parce que j'______ de la fièvre.

- **A** vais
- **B** suis allé

- **A** avais
- **B** aurai

2. Ella ne se ______ pas bien, elle ______ rester chez elle.

- **A** sentait
- **B** sentirait

- **A** péfères
- **B** a préféré

3. Je ne ______ pas ce soir, je ______ trop fatigué.

- **A** venais
- **B** viendrai

- **A** étais
- **B** suis

4. Pierre ______ pendant que je ______.

- **A** arrive
- **B** est arrivé

- **A** dormais
- **B** ai dormi

10

Kreuzworträtsel: Lesen Sie die Aussagen und finden Sie das fehlende Wort im Gitter wieder.

1. Tu tousses ? Prends du...

2. Quand je suis malade, je vais chez le...

3. J'ai eu un accident, l'... est venue me chercher.

4. J'ai très chaud et je transpire, j'ai de la...

5. Je prends un sirop contre la...

6. Je vais chercher une ordonnance à la...

7. Je me suis cassé le bras, je dois aller à l'...

8. Je suis malade, je dois prendre mon... trois fois par jour.

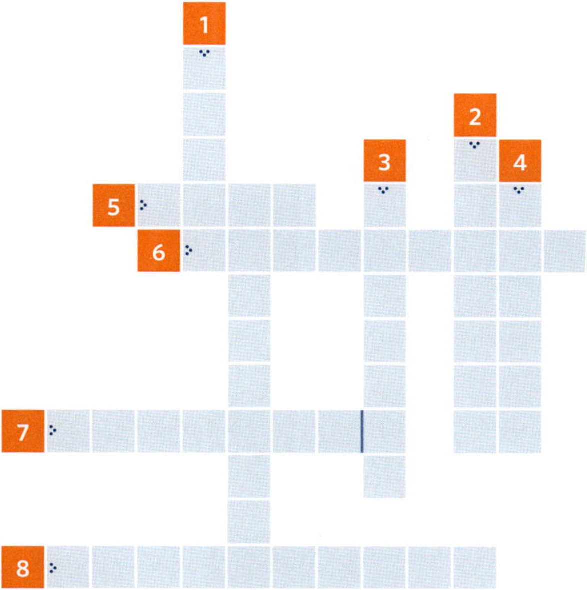

LÖSUNG

9 **1**BA; **2**AB; **3**BB; **4**BA • **10** **1.** sirop; **2.** docteur; **3.** ambulance; **4.** fièvre; **5.** toux; **6.** pharmacie; **7.** hôpital; **8.** médicament

ANHANG

1

Menschen & Kultur

2

Wortverzeichnis

PERSONALIEN

Achten Sie in einem Formular auf die kleinen Unterschiede zwischen der deutschen und der französischen Version. Telefonnummern im Französischen sind zehnstellig und werden immer in 2er Blöcken angegeben, also z. B. 04.73.39.75.88. Die Vorwahl wird nie ausgelassen, auch wenn man seine Nachbarn anruft.
Anders als im Deutschen steht die Straßennummer vor dem Straßennamen, beide werden durch ein Komma getrennt. Also z. B. **12, rue de la mairie**.

EINLADUNGEN

Wenn man zu einem Mittag- oder Abendessen eingeladen wird, kommt man nie ganz pünktlich, sondern aus Höflichkeit eine Viertelstunde später. Es ist auch üblich dem Gastgeber ein Geschenk mitzubringen, wie z. B. ein Törtchen aus einer feinen Konditorei. Geeignet sind auch eine gute Flasche Wein, Blumen für Damen oder eine Schachtel Pralinen für Herren. In Frankreich schenkt man Blumensträuße in der vom Blumengeschäft meist kunstvoll hergerichteten Verpackung.

DIE FAMILIE

Die Familie hat in Frankreich einen hohen Stellenwert. Für ca. 85% der Franzosen ist sie sogar wichtiger als der berufliche Erfolg. Im Vergleich zu früher hat sich die Form der Familie jedoch verändert: Neben den traditionellen Familienstrukturen gibt es heutzutage immer mehr **mères célibataires** *alleinerzie-*

hende Mütter, **familles recomposées** *Patchworkfamilien* oder Familien mit zwei Müttern oder zwei Vätern.
Dafür haben Paare (auch Homosexuelle) seit 1999 die Möglichkeit, einen **PACS** (**pacte civil de solidarité** *eheähnliche Lebensgemeinschaften*) zu schließen. Mit dem Abschluss des Vertrags haben die Paare anerkannte Rechte und Pflichten, ähnlich wie verheiratete Ehepaare.

IM CAFÉ

Wenn man in Frankreich in ein Café geht, sollte man einige Grundregeln kennen: Zunächst darf man sich nicht an einen schon besetzten Tisch setzen.
Beim Bezahlen muss man die gesamte Rechnung auf einmal zahlen und nicht jeder einzeln sein Getränk. Man sollte auch nicht aufrunden, der Kellner würde es nicht verstehen!
Das Trinkgeld – welches kein Muss ist, jedoch sehr zu empfehlen – lässt man auf dem Tisch oder auf dem kleinen Teller, der zu diesem Zweck auf den Tisch gelegt wurde.
Beachten Sie auch die Schilder **fumeurs** *Raucher* und **non-fumeurs** *Nichtraucher*, es gibt sie in jedem Café!

DER TRÖDELMARKT

Franzosen lieben es zum **marché aux puces** *Flohmarkt* zu gehen, der wöchentlich oder monatlich in beinahe jeder Stadt stattfindet. Einer der traditionellsten und bekanntesten Flohmärkte ist der **marché aux puces de Saint-Ouen** im Norden von Paris, der seit 2002 zum nationalen Kulturerbe gehört und unter Denkmalschutz steht.

Franzosen haben sogar ein spezielles Verb für das Suchen nach Trödel und Antiquitäten: **chiner**!
In Dörfern gibt es auch die sogenannten **vide-greniers** (wörtlich: *Speicher leeren*), wofür jeder nach alten Sachen sucht, die er auf dem Speicher hat und die sich gegen geringe Preise gut verkaufen lassen. Das wichtigste ist dabei das gemütliche Beisammensein und die gute Stimmung.

DIE SNCF

Die **Société Nationale des chemins de fer** ist die staatliche *französische Eisenbahngesellschaft*. Um 1870 wurden bereits die wichtigsten französischen Städte vernetzt. Es dauerte aber bis 1937 bis die „nationale Eisenbahngesellschaft" gegründet wurde. 1981 wurde die Hochgeschwindigkeitsstrecke zwischen Paris und Lyon mit dem **TGV** (**train à grande vitesse**) *Hochgeschwindigkeitszug* eröffnet. Täglich verkehren über 14.000 Züge im Netz der SNCF!

TOUR DE FRANCE

Die Tour de France, auch **Le Tour** genannt, ist das bedeutendste Radrennen der Welt und wird seit 1903 drei Wochen lang im Juli ausgetragen. Sie führt quer durch Frankreich und das nahe Ausland. Die Tour gilt nach der Fußball-Weltmeisterschaft und den Olympischen Spielen als das drittgrößte Sportereignis der Welt.
Der Fahrer mit der geringsten Gesamtzeit trägt das berühmte gelbe Trikot.

DIE FRANKOPHONIE

Unter Frankophonie versteht man alle Menschen auf der Welt, die Französisch sprechen bzw. alle Länder, in denen die französische Sprache einen bedeutenden Platz in der Kultur und im Schulwesen hat.
La Francophonie ist auch eine im Jahre 1970 von einigen afrikanischen Staaten gegründete Institution, die heutzutage 56 Länder versammelt. Sie dient der dauerhaften Entwicklung und Verbreitung der französischen Sprache und Kultur in der Welt.

REGIONALSPRACHEN

In Frankreich gibt es viele regionale Sprachen, auch **le patois** genannt. Jedoch ist Französisch seit dem 16. Jahrhundert die einzige Amtssprache. Die Regionen, in denen eine zweite Sprache neben Französisch gesprochen wird, befinden sich in Südfrankreich oder in Rand- und Grenzgebieten, wie z. B. Elsässisch an der deutschen Grenze, Okzitanisch im Süden, Bretonisch in der Bretagne, Katalanisch an der spanischen Grenze, Baskisch im Baskenland und Korsisch auf Korsika.
In den französischen Übersee-Departements (**DOM**) werden neben Französisch auch kreolische Sprachen mit französischem Wortstamm gesprochen.

DER 14. JULI

Der französische Nationalfeiertag erinnert genau genommen nicht an den 14. Juli 1789 und den Sturm der Bastille, sondern an den 14. Juli 1790 - das Föderationsfest. An diesem Tag leg-

te der König vor Vertretern aller Provinzen und Stände einen feierlichen Eid auf die Nation ab.
Am Nationalfeiertag gibt es in den meisten Städten ein Volksfest mit Bällen, Feuerwerk, Konzerten etc.
Neben einem kostenfreien Open-Air-Konzert mit französischen Prominenten und einem gigantischen Feuerwerk vor dem Eiffelturm gibt es in Paris auch die beeindruckende Militärparade auf den Champs-Élysées, zu der einige wichtige Staatsmänner eingeladen werden.

PARISER KULTUR

Ein jeder Staatsmann träumt davon, sein Andenken und seinen Ruhm für die Ewigkeit zu bewahren: Ludwig XIV., Napoleon, G. Pompidou oder F. Mitterrand prägten zu ihrer Zeit die französische Hauptstadt mit imposanten und einzigartigen Bauwerken: **Le château de Versailles, le Parc La Villette, la Cité des Sciences et de l'Industrie, le Centre Pompidou** oder **la Pyramide du Louvre** sind nur einige Beispiele.
Die Glaspyramide im Innenhof des Louvres z. B. dient als Haupteingang zum **Musée du Louvre** und ist mittlerweile zu einem Wahrzeichen der Hauptstadt geworden. Die Pyramide ist 21,65 m hoch und wiegt ca. 180 Tonnen. Als Vorbild für die Proportionen diente die große ägyptische Pyramide von Giseh.

PARISER KAUFHÄUSER

In Paris angekommen sollten Sie nicht nur die edelsten Boutiquen der Champs-Élysées und des Place Vendôme besuchen,

sondern auch die großen traditionsreichen Kaufhäuser des neunten Arrondissements wie **Les Nouvelles Galeries, Galeries Lafayette** oder **Le Printemps**. Bemerkenswert ist neben dem Kaufangebot die Jugendstilarchitektur.
1893 eröffnete der Kaufmann Théophile Bader mit seinem Cousin das erste Wäschemodegeschäft in der **rue Lafayette**. Das kleine Geschäft wuchs in kürzester Zeit auf fünf Stockwerke an. 1912 entstand das Stammhaus in seiner heute bekannten Form mit der von einer farbigen Glaskuppel gekrönten Jugendstil-Galeriehalle.

WOHNEN IN FRANKREICH

Einige betuchte Franzosen besitzen ein Haus auf dem Land oder einen zweiten Wohnsitz, wo sie das Wochenende oder ihren Urlaub verbringen und wo sie hinziehen, wenn sie in Rente gehen. Oft handelt es sich dabei um ein altes Haus, das man im Laufe der Jahre renoviert.
Je nach Region haben die Häuser einen sehr unterschiedlichen Charakter, bei dem oft der Naturstein der Region verwendet wird. Diese regionalen Häuser sind bei Franzosen aber auch bei Ausländern sehr begehrt.
In den Alpen gibt es **chalets** *Berghütten* aus Holz, während man im Baskenland viele **maisons à colombages** *Fachwerk-häuser* findet. Diese gibt es übrigens auch im Elsass oder in der Bretagne. In der Normandie sind neben Fachwerkhäusern auch die sog. **chaumières** *Bauernhöfe mit Reetdach* sehr verbreitet. Typisch für die Provence sind die **mas** - isolierte *Bauernhöfe*, die aus mehreren Gebäuden bestehen.

ZEITUNGEN, ZEITSCHRIFTEN

In Frankreich werden Zeitungen vor allem in Zeitschriftenläden (**maison de la presse**) oder am Kiosk gekauft, auch die meisten Supermärkte haben eine Zeitungsabteilung. In Deutschland gibt es dagegen mehr Abonnenten, vor allem bei Tageszeitungen. Unter den nationalen Zeitungen sind die wichtigsten **Le Monde**, **Libération**, **Le Figaro**. Bei den regionalen Zeitungen sind die bekanntesten **Ouest-France** (für den Nord-Westen), **La Dépêche du Midi** (Toulouse) und **La montagne** in Zentralfrankreich. **L'Équipe** dagegen ist die wichtigste Sportzeitung.
Es gibt auch sehr viele Wochenzeitschriften, wie **Le Nouvel Observateur**, **L'Express**, **Le Point**. Klatsch und Tratsch (**presse people**) findet man z. B. in **Paris-Match**, **Voici** etc. Auch für Kinder (bereits für die Altersstufe 6 Monate bis 2 Jahre) gibt es eigene Zeitschriften wie **Papoum**, **Pomme d'Api**, ebenso für Jugendliche z. B. **Phosphore**.

FERNSEHEN

Als Marktführer der Fernsehlandschaft war **Télévision française** 1 (**TF1**) lange Zeit ein öffentlich-rechtliches Programm und wurde 1987 privatisiert. **France Télévisions** fasst heute alle Sender des öffentlich-rechtlichen Fernsehens zusammen: der Hauptsender ist **France 2**, Regionalprogramme laufen auf **France 3**. Außerdem findet man noch **M 6** (Musik und Magazine), **Canal+**, ein Pay-TV-Sender, und natürlich den deutsch-französischen Fernsehsender **Arte**.

Um 20 Uhr fängt die Hauptnachrichtensendung **Le 20 heures** an und dauert ca. eine halbe Stunde, gefolgt vom Wetterbericht und oft Verkehrsnachrichten. Filme beginnen seit kurzem um 20 Uhr 35, früher selten vor 21 Uhr.

DIE POLIZEI

In Frankreich gibt es eine **Police nationale** *Nationalpolizei*, die dem Innenministerium untersteht, und die **Police municipale** *Gemeindepolizei*, die dem Bürgermeister untersteht. Oft tragen die Beamten keine Waffe und dürfen nur Ortsrecht und die Einhaltung von Verkehrsvorschriften überwachen.
Daneben gibt es die militärisch organisierte **Gendarmerie Nationale**, die dem Verteidigungsministerium unterstellt ist. Sie ist für ländliche Gebiete und Kleinstädte (bis ca. 16000 Einwohner) zuständig. Für städtische Gebiete ist die Polizei zuständig.
Die Polizei ist zuständig für die Fremden- und Grenzpolizei, während die Gendarmerie Militärangelegenheiten, Polizeiaufgaben auf See und auf Flugplätzen übernimmt, sowie als **Garde Républicaine** dient.

ABC ALLGEMEIN

à	*in / ins / im; nach*
alors	*also*
assez	*genug; ziemlich*
aujourd'hui	*heute*
aussi	*auch*
autre	*andere(r, s)*
avec	*mit*
beaucoup	*viel; sehr*
bien	*gut; schön*
bien sûr	*na klar; selbstverständlich*
chez	*bei; zu*
combien	*wie viel(e)*
comme	*als, wie*
comment	*wie*
d'accord	*einverstanden*
dans	*in / ins / im*
de	*von; aus*
depuis	*seit*
des	*unbest. Art. Pl*
d'où	*woher*
en	*in / im; nach*
encore	*(immer) noch*
entre	*zwischen*
et	*und*
faux, fausse	*falsch*
la / l'	*die; sie*
là-bas	*dort*
le / l'	*der; ihn*
les	*die; sie*
longtemps	*lange*
maintenant	*jetzt*
mais	*aber*
mal	*schlecht*
malheureusement	*leider*
même	*sogar*
ne... pas	*nicht*
ne... pas du tout	*gar nicht*
ne... rien	*nichts*
non	*nein*
ou	*oder*
où	*wo, wohin*
oui	*ja*
par exemple	*zum Beispiel*
parce que	*weil*
pendant	*während*
peut-être	*vielleicht*
plusieurs	*mehrere*
pour	*für; damit, um ... zu*
pourquoi	*warum*
presque	*fast*
quand	*wann, als*
quand même	*trotzdem*
que	*was; dass*
quelque(s)	*einige*
qui	*wer*
quoi	*was*
seulement	*nur*
si	*wenn; doch*
sous	*unter*
souvent	*oft*
super	*toll*
sur	*auf*
toujours	*immer*
tout de suite	*sofort; gleich*
tout(e)	*ganz; alle(s)*
très	*sehr*
un peu	*ein bisschen*
un(e)	*ein(e)*
vrai(e)	*richtig*
vraiment	*wirklich*

PRONOMEN

ce / cet / cette	*diese(r, s)*
elle	*sie*
elles	*sie (fPl)*
eux	*sie (betont)*
il	*er*
ils	*sie (mPl)*
je	*ich*
leur	*ihnen*
leurs	*ihre*
lui	*ihm / ihr*
me / m'	*mich; mir*
moi	*ich (betont)*
mon / ton / son	*mein(e); dein(e); sein(e) / ihr(e)*
nos / vos	*unsere; eure / Ihre*
nous	*wir; uns*
on	*man, wir*
ses	*seine / ihre*
te / t'	*dich; dir*
toi	*du (betont)*
tu	*du*
vous	*ihr / Sie; euch / Ihnen*

WICHTIGE VERBEN

avoir	*haben*
comprendre	*verstehen*
croire	*glauben*
devoir	*müssen; sollen*
être	*sein*
faire	*machen, tun*
pouvoir	*können; dürfen*
savoir	*wissen; können*
vouloir	*wollen; mögen*

1 - PERSONALIEN

l'adresse (f)	*Adresse*
l'Allemagne (f)	*Deutschland*
l'ami(e)	*Freund(in)*
s'appeler	*heißen*
célibataire	*ledig*
c'est	*es ist, das ist*
le / la copain, copine (ugs.)	*Freund(in)*
le / la cousin(e)	*Cousin(e)*
divorcé(e)	*geschieden*
l'enfant (m / f)	*Kind*
être né(e)	*geboren sein*
la femme	*Frau*
la fille	*Mädchen*
le formulaire	*Formular*
la France	*Frankreich*
le garçon	*Junge*
habiter	*wohnen*
l'homme (m)	*Mann*
jeune	*jung*
Madame	*Frau*
Mademoiselle	*Fräulein*
marié(e)	*verheiratet*
Monsieur	*Herr*
le nom	*Name*
le passeport	*(Reise-) Pass*
le pays	*Land*
le prénom	*Vorname*
la rue	*Straße*
le stylo	*Kuli*
la ville	*Stadt*
voici	*hier ist*
le / la voisin(e)	*Nachbar(in)*

ABC 2 - SICH BEGRÜSSEN

À demain !	*Bis morgen!*
À plus (tard) !	*Bis später!*
allô	*Begrüßung am Telefon*
au revoir	*auf Wiedersehen; auf Wiederhören*
la Belgique	*Belgien*
bonjour	*guten Tag; guten Morgen*
Bonne journée !	*Schönen Tag!*
Bonne soirée !	*Schönen Abend!*
bonsoir	*guten Abend*
Ça va ?	*Wie geht's?*
enchanté(e)	*erfreut*
parfait(e)	*perfekt*
salut	*hallo; tschüs*

ABC 3 - AUSSEHEN

la barbe	*Bart*
bête	*blöd*
blond(e)	*blond*
bronzé(e)	*gebräunt*
brun(e)	*dunkelhaarig*
les cheveux (mPl)	*Haare*
connaître	*kennen*
content(e)	*glücklich*
court(e)	*kurz*
la cravate	*Krawatte*
frisé(e)	*lockig*
gentil(le)	*nett*
grand(e)	*groß*
gros(se)	*dick*
intelligent(e)	*intelligent*
joli(e)	*hübsch*
laid(e)	*hässlich*
les lunettes (fPl) (de soleil)	*(Sonnen-)Brille*
maigre	*dünn*
méchant(e)	*gemein*
petit(e)	*klein*
têtu(e)	*dickköpfig*
triste	*traurig*

ABC 4 - PERSÖNLICHE KONTAKTE

aimer	*gerne haben/ mögen*
amoureux, -euse	*verliebt*
l'an (m)	*Jahr*
l'année (f)	*Jahr*
l'apéritif (m)	*Aperitif*
apporter	*(mit)bringen*
avoir des contacts	*Kontakt haben*
avoir le temps	*Zeit haben*
le / la beau-frère, belle-sœur	*Schwager, Schwägerin*
le / la beau-père, belle-mère	*Schwiegervater, -mutter*
Bon courage !	*Viel Erfolg!, Viel Glück!*
Bon travail !	*Frohes Schaffen!*
Bonne année !	*Frohes neues Jahr!*
Bonne chance !	*Viel Glück!*
danser	*tanzen*
de rien	*nichts zu danken*

demain	*morgen*
le dimanche	*Sonntag*
discuter	*sich unterhalten*
l'école (f)	*Schule*
s'embrasser	*sich küssen; sich umarmen*
Félicitations !	*Herzlichen Glückwunsch!*
la femme	*(Ehe-)Frau*
fêter	*feiern*
le / la fils, fille	*Sohn, Tochter*
la fleur	*Blume*
le frère	*Bruder*
le / la grand-père, grand-mère	*Großvater, -mutter*
les grands-parents (mPl)	*Großeltern*
ici	*da*
l'invitation (f)	*Einladung*
inviter	*einladen*
Joyeux anniversaire !	*Alles Gute zum Geburtstag!*
Joyeux Noël !	*Frohe Weihnachten!*
le mari	*Ehemann*
le mariage	*Hochzeit*
merci	*danke*
la mère	*Mutter*
l'oncle (m)	*Onkel*
organiser	*organisieren*
les parents (mPl)	*Eltern*
passer	*vorbeikommen; verbringen*
penser	*denken*
le père	*Vater*
le / la petit(e) ami(e)	*feste(r) Freund(in)*
le / la petit-fils, petite-fille	*Enkel(in)*
présenter	*vorstellen*
quel âge	*wie alt*
recevoir	*bekommen*
regarder	*sehen, schauen*
la semaine	*Woche*
s'il te / s'il vous plaît	*bitte*
la sœur	*Schwester*
la tante	*Tante*
téléphoner	*telefonieren, anrufen*
travailler	*arbeiten*

ABC 5 - ALLTAG

aller	*gehen; fahren*
s'amuser	*Spaß haben*
aujourd'hui	*heute*
se brosser les dents	*sich die Zähne putzen*
la cantine	*Kantine*
le cinéma	*Kino*
le clown	*Clown*
se coiffer	*sich kämmen*
le / la collègue	*Kollege, -in*
se coucher	*ins Bett gehen*
se déguiser	*sich verkleiden*
se dépêcher	*sich beeilen*
en vacances	*in / im Urlaub*
épuisé(e)	*erschöpft*
fatigué(e)	*müde*
la fête	*Fete, Party*
s'habiller	*sich anziehen*
se laver	*sich waschen*

se lever	*aufstehen*
la mairie	*Rathaus*
manger	*essen*
se maquiller	*sich schminken*
la poste	*Post*
se promener	*spazieren gehen*
se raser	*sich rasieren*
regarder la télé (ugs.)	*fernsehen*
rentrer	*nach Hause gehen*
se reposer	*sich ausruhen*
le soir	*Abend*
tard	*spät*
le théâtre	*Theater*
tôt	*früh*
tous les jours	*jeden Tag*
tout le temps	*die ganze Zeit*
le travail	*Arbeit*
le week-end	*Wochenende*

ABC 6 - ESSEN UND TRINKEN

À table !	*Zu Tisch!*
aimer	*mögen; gern essen*
avoir faim	*Hunger haben*
avoir soif	*Durst haben*
le beurre	*Butter*
boire	*trinken*
la boisson	*Getränk*
Bon appétit !	*Guten Appetit!*
le café (au lait)	*Kaffee (mit Milch)*
la charcuterie	*Wurst*
chaud(e)	*warm*
la crêpe	*Pfannkuchen, Crêpe*
le croissant	*Croissant*
le déjeuner	*Mittagessen*
le dîner	*Abendessen*
donner	*geben*
l'eau (f) (minérale)	*(Mineral-)Wasser*
être bon	*gut sein, gut schmecken*
se faire	*gemacht werden*
froid(e)	*kalt*
le fromage	*Käse*
le gâteau	*Kuchen*
la glace	*Eis*
il faut	*man braucht*
il y a	*es gibt*
le lait	*Milch*
le lardon	*Speck*
la limonade	*Limonade*
se manger	*gegessen werden*
la moutarde	*Senf*
ne... pas	*nicht*
l'oignon (m)	*Zwiebel*
l'omelette (f)	*Omelett*
l'orangeade (f)	*Orangenlimonade*
le pain	*Brot*
passer	*reichen; geben*
la pâte	*Teig*
le petit déjeuner	*Frühstück*
prendre	*nehmen*
la quiche	*Zwiebelkuchen, Quiche*
le repas	*Mahlzeit*
le resto (ugs.)	*Restaurant*
la salade	*Salat*
sentir bon	*gut riechen*
la soupe	*Suppe*
la spécialité	*Spezialität*
la tartine	*Butterbrot*
la viande	*Fleisch*
le vin	*Wein*

ABC 7 - IM RESTAURANT

À la tienne / À la vôtre !	*Zum Wohl!, Prost!*
À quel nom ?	*Unter welchem Namen?*
À tes / À vos souhaits !	*Gesundheit!*
l'addition (f)	*Rechnung*
apprendre	*lernen*
l'assiette (f)	*Teller*
attendre	*warten*
avoir l'air	*aussehen*
bon(ne)	*gut*
la bouteille	*Flasche*
la carafe	*Karaffe*
la carte	*Speisekarte*
comprendre	*verstehen*
le coq au vin	*Hähnchen in Rotweinsoße*
le couteau	*Messer*
coûter	*kosten*
le couvert	*Besteck*
la crème	*Creme*
la crème brûlée	*Milch-Eiersüßspeise, Crème brûlée*
les crudités (fPl)	*Salatteller, Rohkostteller*
la cuillère	*Löffel*
désirer	*wünschen*
le dessert	*Nachtisch*
entendre	*hören*
l'entrée (f)	*Vorspeise*
l'euro (m)	*Euro*
exotique	*exotisch*
le four	*Ofen*
la fourchette	*Gabel*
le français	*französische Sprache*
les fruits (mPl)	*Obst*
la grenadine	*Grenadinesirup*
l'hors d'œuvre (m)	*Vorspeise*
les légumes (mPl)	*Gemüse*
le menu (du jour)	*(Tages-)Menü*
la mousse au chocolat	*Schokoladenmousse*
parler	*sprechen*
la personne	*Person*
le plat	*Gericht*
plus fort	*lauter*
répéter	*wiederholen*
la réservation	*Reservierung*
réserver	*reservieren*
le restaurant	*Restaurant*
rouge	*rot*
Santé !	*Prost!*
la sauce	*Soße*
le / la serveur, -euse	*Kellner(in)*
le steak-frites	*Steak mit Pommes*
sucré(e)	*süß, gezuckert*
le supermarché	*Supermarkt*
la table	*Tisch*
le verre	*Glas*
le vin blanc / rouge	*Weiß- / Rotwein*

ABC 8 - LEBENSMITTEL EINKAUFEN

acheter	*kaufen*
l'affaire (f)	*Schnäppchen*
la banane	*Banane*
le beurre	*Butter*
le billet	*Geldschein*
la boucherie	*Metzgerei*
la boulangerie	*Bäckerei*
ça fait	*das macht*
la carotte	*Möhre*
Ce sera tout ?	*Ist das alles?*
le champignon	*Pilz*
cher, chère	*teuer*
le chou	*Kohl*
le chou-fleur	*Blumenkohl*
le concombre	*Gurke*
l'épicerie (f)	*Lebensmittelgeschäft*
exagérer	*übertreiben*
la fraise	*Erdbeere*
je voudrais	*ich möchte*
le kiwi	*Kiwi*
le litre	*Liter*
la livre	*Pfund*
le magasin de vêtements	*Kleidungsgeschäft*
le marché	*Markt*
la monnaie	*Kleingeld; Rückgeld*
l'orange (f)	*Apfelsine, Orange*
les pâtes (fPl)	*Nudeln*
la pâtisserie	*Konditorei*
la pêche	*Pfirsich*
la poire	*Birne*
le poivron	*Paprika*
la pomme	*Apfel*
la pomme de terre	*Kartoffel*
le pull	*Pulli*
la recette	*Rezept*
rester	*bleiben; übrig bleiben*
le riz	*Reis*
le sac	*Tasche; Tüte*
le sucre	*Zucker*
la tomate	*Tomate*
le yaourt	*Joghurt*

ABC 9 - STÄDTE

l'art (m) moderne	*moderne Kunst*
aussi... que	*so ... wie*
l'avenue (f)	*Avenue*
la banque	*Bank*
la bibliothèque	*Bibliothek*
la bijouterie	*Schmuckgeschäft*
le boulevard	*Boulevard; Ringstraße*
le bouquet	*Blumenstrauß*
la campagne	*Land*
la capitale	*Hauptstadt*
la carte	*Karte; Stadtplan*
la cathédrale	*Kathedrale*
le château	*Schloss*
l'église (f)	*Kirche*
l'est (m)	*Osten*
le magasin	*Geschäft, Laden*
le magasin de souvenirs	*Souvenirgeschäft*
le magasin de sport	*Sportgeschäft*
moins... que	*weniger ... als*
le monument	*Denkmal*

le musée	*Museum*
le nord	*Norden*
l'ouest (m)	*Westen*
plaire	*gefallen*
plus... que	*mehr ... als*
le pont	*Brücke*
le port	*Hafen*
préféré(e)	*Lieblings...*
préférer	*lieber mögen; bevorzugen*
la province	*Provinz*
rendre visite	*besuchen*
la rose	*Rose*
la rue piétonne	*Fußgängerzone*
la statue	*Statue*
le sud	*Süden*
la taverne	*Wirtshaus*
se trouver	*sich befinden*
la vie	*Leben*
le village	*Dorf*
ville olympique	*Olympiastadt*
visiter	*besichtigen; besuchen*

ABC 10 - WEGBESCHREIBUNG

à côté de	*neben*
à droite	*rechts*
à gauche	*links*
arriver	*ankommen*
l'autoroute (f)	*Autobahn*
le carrefour	*Kreuzung*
le centre-ville	*Stadtzentrum*
C'est par où ?	*In welche Richtung?*
chercher	*suchen*
choisir	*wählen*
commencer	*beginnen*
continuer	*weitergehen; fortfahren*
le côté	*die Straßenseite*
derrière	*hinter*
devant	*vor*
la déviation	*Umleitung*
dormir	*schlafen*
en face (de)	*gegenüber*
environ	*ungefähr*
le feu	*Ampel*
jusque	*bis*
là-bas	*dort*
loin	*weit*
la nationale	*Bundesstraße*
le numéro	*Nummer*
l'office (m) de tourisme	*Fremdenverkehrsamt*
le parc	*Stadtpark*
pardon	*Entschuldigung*
le parking	*Parkplatz*
partir	*weggehen/-fahren; starten*
le passage pour piétons	*Fußgängerüberweg*
le plan de la ville	*Stadtplan*
la première	*Erste*
prochain(e)	*nächste(r, s)*
rendre	*zurückgeben*
réussir	*gelingen; schaffen*
la sortie	*Ausfahrt*
sortir	*herausfahren; ausgehen*
le stop	*Stopp-Schild*
tourner	*abbiegen*
tout droit	*geradeaus*

toutes directions	*alle Richtungen*
les travaux (mPl)	*Baustelle*
traverser	*überqueren*

ABC 11 - AUF DEM LAND

adorer	*lieben*
l'âne (m)	*Esel*
l'animal (m) (domestique)	*(Haus-)Tier*
l'après-midi (m)	*Nachmittag*
l'arbre (m)	*Baum*
le brouillard	*Nebel*
le bruit	*Lärm*
le chat	*Katze*
le cheval	*Pferd*
le chien	*Hund*
le ciel	*Himmel*
le cochon	*Schwein*
la colline	*Hügel*
dire	*sagen*
dommage	*schade*
l'éléphant (m)	*Elefant*
s'ennuyer	*sich langweilen*
la ferme	*Bauernhof*
la feuille	*Blatt*
le fleuve	*großer Fluss*
la forêt	*Wald*
la girafe	*Giraffe*
le lapin	*Hase*
la mer	*Meer*
la montagne	*Berg*
la mouche	*Fliege*
la nature	*Natur*
ne... jamais	*nie*
ne... pas du tout	*gar nicht*
ne... personne	*niemand*
ne... plus	*nicht mehr*
ne... rien	*nichts*
la neige	*Schnee*
l'oiseau (m)	*Vogel*
l'ours (m)	*Bär*
la plage	*Strand*
la plaine	*Tal, Ebene*
le poisson	*Fisch*
la promenade	*Spaziergang*
la rivière	*kleiner Fluss*
romantique	*romantisch*
le ruisseau	*Bach*
le sapin	*Tanne*
la savane	*Savanne*
le ski	*Skifahren*
la souris	*Maus*
la vache	*Kuh*
la vallée	*Tal*
vivre	*leben*
voir	*(an)sehen*

ABC 12 - REISE UND VERKEHR

à pied	*zu Fuß*
à quelle heure	*um wie viel Uhr*
l'aller (m)	*Hinfahrt*
l'aller (m) simple	*einfache Fahrtkarte*
l'aller-retour (m)	*Hin- und Rückfahrt*
appeler	*anrufen*
l'arrivée (f)	*Ankunft*
l'avion (m)	*Flugzeug*
le bateau	*Schiff, Boot*
bientôt	*bald*

le billet	*Fahrkarte*
le bureau	*Büro; Arbeitszimmer*
le bus	*Bus*
la carte routière	*Straßenkarte*
changer	*umsteigen*
le départ	*Abfahrt; Start*
se déplacer	*sich fortbewegen*
descendre	*aussteigen; hinuntergehen*
la déviation	*Umleitung*
le fumeur	*Raucher*
l'heure (f)	*Stunde; Uhrzeit*
le jour	*Tag*
la ligne	*Linie*
le matin	*Vormittag*
le métro	*U-Bahn*
midi	*Mittag*
le Midi	*Südfrankreich*
minuit	*Mitternacht*
la minute	*Minute*
le non-fumeur	*Nichtraucher*
le rappel	*Erinnerung; Wiederholungsschild*
sauf	*außer*
le taxi	*Taxi*
le ticket	*Ticket*
le train	*Zug*
le tram(way)	*Straßenbahn*
le vélo	*Fahrrad*
le vendredi	*Freitag*
la voiture	*Auto*
le wagon	*Eisenbahnwagen*

ABC 13 - FREIZEIT

l'atelier (m)	*Werkstatt*
avoir de la chance	*Glück haben*
le clavier	*Tastatur*
le concert	*Konzert*
dessiner	*zeichnen*
les échecs (mPl)	*Schachspiel*
écouter	*hören*
faire de la randonnée	*wandern*
faire du canoë	*Kanu fahren*
faire du shopping	*shoppen*
faire du sport	*Sport treiben*
faire partie	*angehören*
faire une promenade	*spazieren gehen*
le film	*Film*
la flûte	*Flöte*
le footing	*Joggen*
la guitare	*Gitarre*
le gymnase	*Turnhalle*
le hobby	*Hobby*
jouer	*spielen*
lire	*lesen*
le lit	*Bett*
le livre	*Buch*
le magazine	*Magazin, Zeitschrift*
la musique	*Musik*
nager	*schwimmen*
naviguer	*surfen*
le net (ugs.)	*Netz*
ni... ni	*weder ... noch*
peindre	*malen*
la peinture	*Malen; Farbe*
le piano	*Klavier*
la piscine	*Schwimmbad*

sportif, -ive	*sportlich*
le violon	*Geige*

14 - UNTERKUNFT

accepter	*(an)nehmen; akzeptieren*
l'armoire (f)	*Schrank*
le camping	*Campingplatz*
le camping-car	*Wohnmobil*
la caravane	*Wohnwagen*
la carte de crédit	*Kreditkarte*
la chambre (d'hôtel)	*(Hotel-)Zimmer*
la chambre d'hôtes	*Fremdenzimmer*
la chambre double	*Doppelzimmer*
la chambre individuelle	*Einzelzimmer*
la clé	*Schlüssel*
complet, -ète	*belegt; ausgebucht*
compris(e) dans le prix	*im Preis inbegriffen*
la demi-pension	*Halbpension*
la douche	*Dusche*
le grand lit	*Doppelbett*
l'hôtel (m)	*Hotel*
là	*da*
libre	*frei*
les lits jumeaux (mPl)	*getrennte Betten*
long, longue	*lang*
la nuit	*Nacht*
l'oreiller (m)	*Kopfkissen*
ouvrir	*aufmachen*
la pension complète	*Vollpension*
la réception	*Empfang*
la salle de restaurant	*Speisesaal*
la serviette	*Handtuch*
splendide	*wunderschön*
la télécommande	*Fernbedienung*
la tente	*Zelt*
le traversin	*Nackenrolle*
trouver	*finden*
la vue	*Blick, Aussicht*

15 - FERIEN

à bientôt	*bis bald*
aller voir	*besuchen*
amitiés	*herzliche Grüße*
ancien, -ne	*alt, ehemalig*
l'appartement (m)	*Wohnung*
au bord de	*an/am*
les bagages (mPl)	*Gepäck*
se baigner	*baden*
bronzer	*bräunen*
le/la camarade de classe	*Klassenkamerad(-in)*
la carte postale	*Postkarte*
la chaise longue	*Liegestuhl*
le chalet	*Berghütte*
cher, chère	*liebe(r, s)*
le congé	*Urlaub, (Schul-) Ferien*
le drap de bain	*Badetuch*

du coin	*aus der Umgebung*
la dune	*Düne*
écrire	*schreiben*
espérer	*hoffen*
l'excursion (f)	*Ausflug*
le ferry-boat	*Fähre*
finir	*beenden*
hier	*gestern*
l'île (f)	*Insel*
le jour férié	*Feiertag*
louer	*mieten; vermieten*
monter	*hinaufsteigen, einsteigen*
le parasol	*Sonnenschirm*
profiter	*genießen*
rentrer	*zurück-, wiederkommen*
le retour	*Rückkehr*
le sac à dos	*Rucksack*
le séjour	*Aufenthalt*
sortir en boîte (ugs.)	*in die Disko gehen*
une fois par jour	*einmal am Tag*
la valise	*Koffer*
la visite	*Besuch; Besichtigung*
le voyage	*Reise*

ABC 16 - EINE REISE PLANEN

l'Allemand(e)	*Deutsche(r)*
l'anglais (m)	*englische Sprache*
août	*August*
l'Autriche (f)	*Österreich*
avril	*April*
décembre	*Dezember*
le dimanche	*Sonntag*
l'Espagne (f)	*Spanien*
l'Espagnol(e)	*Spanier(in)*
la fête nationale	*Nationalfeiertag*
février	*Februar*
le/la Grec(que)	*Grieche, -in*
la Grèce	*Griechenland*
l'idée (f)	*Idee*
l'instant (m)	*Augenblick*
l'Italie (f)	*Italien*
l'Italien(ne)	*Italiener(in)*
janvier	*Januar*
le jeudi	*Donnerstag*
le Jour de l'an	*Neujahr*
juillet	*Juli*
juin	*Juni*
le lundi	*Montag*
mai	*Mai*
le mardi	*Dienstag*
mars	*März*
le mercredi	*Mittwoch*
novembre	*November*
octobre	*Oktober*
Pâques	*Ostern*
Pentecôte	*Pfingsten*
peser	*wiegen*
le poids	*Gewicht*
quel(le)	*welche(r, s)*
le rendez-vous	*Verabredung; Termin*
le samedi	*Samstag*
septembre	*September*
la Suède	*Schweden*
la Suisse	*Schweiz*
tout à l'heure	*später*
vendredi	*Freitag*

venir	*kommen*
venir de faire qc	*etwas gerade getan haben*

ABC 17 - KULTUR UND UNTERHALTUNG

l'acteur, -trice	*Schauspieler(in)*
le billet	*Eintrittskarte*
le cirque	*Zirkus*
classique	*klassisch*
le cours de langue	*Sprachkurs*
le cours de peinture	*Malkurs*
dernier, -ière	*letzte(r, s)*
dernièrement	*letztens*
l'entrée (f)	*Eintritt(skarte); Eingang*
entrer	*hereingehen; betreten*
exactement	*genau*
l'exposition (f)	*Ausstellung*
fermé(e)	*geschlossen*
formidable	*toll, irre*
gratuit(e)	*kostenlos*
intéressant(e)	*interessant*
lentement	*langsam*
l'opéra (m)	*Oper*
ouvert(e)	*geöffnet; offen*
passer sur les écrans	*ins Kino kommen*
le/la peintre	*Maler(in)*
la pièce de théâtre	*Theaterstück*
la place	*Platz*
premièrement	*erstens*
probablement	*wahrscheinlich*
prochainement	*demnächst*
se retrouver	*sich treffen*
la séance	*Vorstellung*
le spectacle	*Vorführung; Show*
sûrement	*sicherlich*
le tableau	*Bild, Gemälde*
vers	*gegen; in der Nähe von*
vite	*schnell*

ABC 18 - WETTER UND UMWELTSCHUTZ

l'automne (m)	*Herbst*
le bonhomme de neige	*Schneemann*
le bonnet	*Mütze*
la chaleur	*Hitze*
changer de couleur	*sich verfärben*
la couleur	*Farbe*
se couvrir	*sich warm anziehen*
la date	*Datum*
le déchet	*Abfall*
dehors	*draußen*
l'environnement (m)	*Umwelt*
l'été (m)	*Sommer*
faire chaud	*warm sein*
faire froid	*kalt sein*
faire orage	*gewittrig sein*
l'hiver (m)	*Winter*
il y a du vent	*es ist windig*
jeter	*wegwerfen*
la lune	*Mond*
mauvais(e)	*schlecht*
menacé(e)	*bedroht*
la météo	*Wetterbericht*

neiger	*schneien*
le nuage	*Wolke*
nuageux, -euse	*wolkig*
le papier	*Papier*
le parapluie	*Regenschirm*
pleuvoir	*regnen*
la poubelle	*Mülleimer*
pousser	*wachsen*
le printemps	*Frühling*
protéger	*schützen*
respecter	*respektieren; beachten*
le soleil	*Sonne*
le temps	*Wetter, Zeit*
transpirer	*schwitzen*
trier	*sortieren*

ABC 19 - KLEIDUNG

à carreaux	*kariert*
à rayures	*gestreift*
aider	*helfen*
l'anorak (m)	*Winterjacke*
blanc, blanche	*weiß*
bleu(e)	*blau*
ça te / ça vous va bien	*es steht / passt dir / Ihnen gut*
la cabine d'essayage	*Umkleidekabine*
la caisse	*Kasse*
la chaussette	*Socke*
la chaussure	*Schuh*
la chemise	*Hemd*
le chemisier	*Bluse*
clair(e)	*hell*
le costume	*Anzug*
l'écharpe (f)	*Schal*
essayer	*anprobieren*
faire du...	*(Schuh)Größe ... haben*
foncé(e)	*dunkel*
le gant	*Handschuh*
le garage	*Garage*
gris(e)	*grau*
jaune	*gelb*
la jupe	*Rock*
large	*breit*
le manteau	*Mantel*
marron	*braun*
mettre	*stellen; setzen; legen; anziehen; tun*
mettre la table	*den Tisch decken*
noir(e)	*schwarz*
nouveau, nouvel, nouvelle	*neu*
le pantalon	*Hose*
payer	*(be-)zahlen*
le placard	*Schrank*
la pointure	*Schuhgröße*
la robe	*Kleid*
la taille	*(Konfektions-) Größe*
un peu	*ein bisschen*
vert(e)	*grün*
la veste	*Jacke*
vieux, vieil, vieille	*alt*

ABC 20 - WOHNEN

la baignoire	*Badewanne*
le balcon	*Balkon*
bruyant(e)	*laut; lärmend*
calme	*ruhig*

le canapé	*Sofa*
la cave	*Keller*
la chaise	*Stuhl*
les charges (fPl)	*Nebenkosten*
le couloir	*Flur*
la cuisine	*Küche*
en supplément	*zusätzlich*
l'escalier (m)	*Treppe*
l'étagère (f)	*Regal*
l'évier (m)	*Spüle*
le fauteuil	*Sessel*
le jardin	*Garten*
la lampe	*Lampe*
le lavabo	*Waschbecken*
le loyer	*Miete*
la machine à laver	*Waschmaschine*
la maison	*Haus*
le miroir	*Spiegel*
le mois	*Monat*
l'ordinateur (m)	*Computer*
la photo	*Foto*
le porte-monnaie	*Geldbeutel*
le quartier	*Stadtteil; Viertel*
le rez-de-chaussée	*Erdgeschoss*
la salle à manger	*Esszimmer*
la salle de bains	*Badezimmer*
le salon	*Wohnzimmer, Sofaecke*
le tapis	*Teppich*
le téléviseur	*Fernseher*
la terrasse	*Terrasse*

ABC 21 - ARBEIT UND BERUF

actuellement	*zur Zeit; aktuell*
l'aéroport (m)	*Flughafen*
l'annonce (f)	*Klein-, Stellenanzeige*
l'apprentissage (m)	*Lehre; Ausbildung*
avec plaisir	*sehr gerne; mit Vergnügen*
le bar	*Bar; Kneipe*
le/la boucher, -ère	*Metzger(in)*
le/la boulanger, -ère	*Bäcker(in)*
le boulot (ugs.)	*Beruf*
la candidature	*Bewerbung*
le chantier	*Baustelle*
le/la coiffeur, -euse	*Frisör(in)*
le/la cuisinier, -ière	*Koch, Köchin*
le CV (curriculum vitæ)	*Lebenslauf*
demander	*fragen*
le/la dentiste	*Zahnarzt, -ärztin*
le/la directeur, -trice	*Direktor(in)*
l'entreprise (f)	*Unternehmen*
envoyer	*schicken*
être en congé	*im Urlaub sein*
l'expérience (f)	*Erfahrung*
faire des études	*studieren*
faire du vélo	*Fahrrad fahren*
l'hôpital (m)	*Krankenhaus*

l'infirmier, -ière	*Krankenpfleger, -schwester*
l'ingénieur (m/f)	*Ingenieur(in)*
l'instituteur, -trice	*Grundschullehrer(in)*
le job d'été	*Sommerjob*
le jour d'essai	*Probetag*
le journal	*Zeitung*
la lettre de motivation	*(Bewerbungs-) Anschreiben*
le médecin	*Arzt, Ärztin*
le métier	*Beruf*
l'ouvrier, -ière	*(Fabrik-) Arbeiter(in)*
la/la pilote	*Pilot(in)*
le poste	*(Arbeits-)Stelle*
prendre place	*Platz nehmen*
la profession	*Beruf*
proposer	*anbieten; vorschlagen*
le/la réceptionniste	*Empfangsmitarbeiter(in)*
rechercher	*suchen*
le/la responsable	*zuständige Person*
le/la retraité(e)	*Rentner(in)*
la secrétaire	*Sekretärin*
souhaiter	*wünschen*
le stage	*Praktikum*
le/la stagiaire	*Praktikant(in)*
le/la technicien(ne)	*Techniker(in)*
le TGV (train à grande vitesse)	*Hochgeschwindigkeitszug (≈ ICE)*
la tradition	*Tradition*
l'usine (f)	*Fabrik*
le/la vendeur, -euse	*Verkäufer(in)*
Vive les vacances !	*Es leben die Ferien!*

ABC 22 - DIE INFORMATIONSWELT

l'antenne (f)	*Antenne*
le C.D.	*CD*
chatter	*chatten*
la clé USB	*USB-Stick*
le courriel	*E-Mail*
le courrier	*Post*
l'e-mail (m)	*E-Mail*
en ligne	*online*
l'imprimante (f)	*Drucker*
l'Internet (m)	*Internet*
le jeu	*Spiel*
le monde	*Welt*
le MP3	*MP3-Player*
le portable	*Handy*
la radio	*Radio*
surfer	*surfen*
le téléphone	*Telefon*
la terre	*Erde*

ABC 23 - BEHÖRDEN UND KORRESPONDENZ

adresser	*zukommen lassen*
autour	*um ... herum*
la boîte aux lettres	*Briefkasten*

la carte bancaire	*Bankkarte*
cordialement	*herzlichst*
croire	*glauben*
les curiosités (fPl)	*Sehenswürdigkeiten*
d'avance	*im Voraus*
le dépliant	*Prospekt*
déranger	*stören; Umstände machen*
également	*auch*
faire attention	*aufpassen*
faire la vaisselle	*Geschirr spülen*
faire une demande	*einen Antrag stellen*
la fin	*Ende*
grosses bises	*liebe Grüße*
l'intention (f)	*Absicht*
joindre	*beilegen*
la lettre (de réclamation)	*(Beschwerde)Brief*
la liste	*Liste*
le/la meilleur(e)	*Bessere(r, s); Beste(r, s)*
passer	*weiterfahren, -gehen*
se passer	*los sein*
perdre	*verlieren*
la pièce	*Geldstück; Münze*
la plainte	*Anzeige*
la police	*Polizei*
les pompiers (mPl)	*Feuerwehr*
pourriez-vous	*könnten Sie*
la préfecture	*Präfektur*
principal(e)	*Haupt...*
la région	*Region*
remercier	*bedanken*
le renseignement	*Auskunft*
le S.A.M.U.	*medizinischer Notfalldienst*
le/la témoin	*Zeuge, Zeugin*
le timbre	*Briefmarke*
touristique	*touristisch*
voler	*stehlen*

ABC 24 - KÖRPER UND KÖRPERTEILE

arriver	*schaffen*
avoir mal au cœur	*es ist einem übel*
la bouche	*Mund*
la brosse à cheveux	*Haarbürste*
le cœur	*Herz*
le corps	*Körper*
le cou	*Hals*
la dent	*Zahn*
le doigt	*Finger*
donner sa langue au chat	*das Raten aufgeben*
le dos	*Rücken*
en avoir plein le dos	*die Nase voll haben*
s'énerver	*sich aufregen*
l'estomac (m)	*Magen*
être en panne	*eine Panne haben*
facile	*einfach*
faire mal	*wehtun*
la fine bouche	*Feinschmecker*
frais, fraîche	*frisch*

le genou	*Knie*
la langue	*Zunge*
les doigts dans le nez	*mit links*
magnifique	*wunderschön*
la main	*Hand*
la moule	*Miesmuschel*
le muscle	*Muskel*
le nez	*Nase*
l'oreille (f)	*Ohr*
l'organe (m)	*Organ*
l'os (m)	*Knochen*
par cœur	*auswendig*
le pied	*Fuß*
le poème	*Gedicht*
prendre un bain	*baden*
prendre une douche	*duschen*
propre	*sauber*
la réponse	*Antwort*
la tête	*Kopf*
le ventre	*Bauch*
le visage	*Gesicht*
les yeux (mPl)	*Augen*

ABC 25 - GESUNDHEIT

l'accident (m)	*Unfall*
l'ambulance (f)	*Krankenwagen*
l'angine (f)	*Angina*
avoir chaud	*warm sein*
avoir de la fièvre	*Fieber haben*
avoir mal au dos	*Rückenschmerzen haben*
Bon rétablissement !	*Gute Besserung!*
le bras	*Arm*
cassé(e)	*gebrochen*
la clinique	*Klinik*
la consultation	*Untersuchung*
couler	*laufen*
le docteur	*Doktor*
enrhumé(e)	*erkältet*
éternuer	*niesen*
faire mal	*wehtun*
la gastrite	*Magendarmgrippe*
la gorge	*Hals*
la grippe	*Grippe*
le / la gynécologue	*Frauenarzt*
la jambe	*Bein*
malade	*krank*
la maladie	*Krankheit*
l'ordonnance (f)	*Arztrezept*
pâle	*blass*
la pharmacie	*Apotheke*
prendre un médicament	*ein Medikament einnehmen*
le rhume	*Schnupfen*
la santé	*Gesundheit*
se déshabiller	*sich ausziehen*
se sentir	*sich fühlen*
la Sécurité sociale	*staatliche Sozial- und Krankenversicherung*
le service	*Dienstleistung*
le sirop contre la toux	*Hustensaft*
tomber	*fallen*
tousser	*husten*
la toux	*Husten*

Bildnachweis

Seite 8: 1. Julie Lam, 2. istockphoto.com, 3. istockphoto.com, 4. istockphoto.com/ Wouter van Caspel; **Seite 16:** istockphoto.com/ Wouter van Caspel; **Seite 21:** 1. Brigitte Slaats, 2. istockphoto.com/ Nancy Louie, 3. istockphoto.com/ Leigh Schindler, 4. istockphoto.com/ Oleg Prikhodko; **Seite 24:** 1. istockphoto.com/ Amanda Rohde, 2. Creativ Collection (RF), 3. istockphoto.com/ Randolph Pamphrey, 4. istockphoto.com/ branislav ostojic, 5. istockphoto.com/ Peter Hansen, 6. istockphoto.com/Diane Diederich; **Seite 36:** 1. istockphoto.com/ peter chen, 2. istockphoto.com/ christine balderas, 3. istockphoto.com/ Liz Van, 4. istockphoto.com/ angelo gilardelli; **Seite 40:** 1. pixelio.de/ siepmannH, 2. pixelio.de/ Karl-Heinz Liebisch, 3. pixelio.de/ Claus Schmidt; **Seite 43:** 1. istockphoto.com/ Cindy England, 2. Martine Reijnders, 3. istockphoto.com/ Christine Silva; **Seite 44:** Stefan Theurer, Eningen; **Seite 47:** 1. fotolia.de/ Andreas Saudemont, 2. fotolia.de/ Marc Rigaud, 3. fotolia.de/ iMAGINE, 4. fotolia.de/ Nathalie P; **Seite 49:** Thierry Duchesne; **Seite 57:** PONS GmbH; **Seite 58:** 1. Olga Krissa, 2. Julie Lam, 3. istockphoto.com/ Bernd Klumpp, 4. Britta Anders; **Seite 59:** 1. fotolia.de/ olly, 2. fotolia.de/ philippe Devanne, 3. fotolia.de/ Richard James, 4. fotolia.de/ antoine declerck; **Seite 61:** istockphoto.com/ YENTE; **Seite 63:** 1. istockphoto.com/ Linda & Colin McKie, 2. pixelio.de/ Rolf van Melis, 3. Frank Zuber, 4. Eduard Bader, 5. istockphoto.com/ Lawrence Sawyer, 6. istockphoto.com/ Daniel St.Pierre, 7. istockphoto.com/ Josef Kubicek, 8. istockphoto.com/ Michael Blackburn, 9. istockphoto.com/ Andrei Tchernov; **Seite 64:** 1. istockphoto.com/ Daniel St.Pierre, 2. fotolia.de/ Markus Schieder, 3. pixelio.de/ Claudia Hautumm, 4. istockphoto.com; **Seite 66:** 1. istockphoto.com/ Dena Steiner , 2. istockphoto.com/ Ramsey Blacklock , 3. istockphoto.com/ Frances Twitty; **Seite 68:** 1. istockphoto.com/ Jill Lang , 2. istockphoto.com/ Lya Cattel, 3. fotolia.de/ Andrea Seemann; **Seite 73:** 1. pixelio.de/ Rainer Sturm, 2. istockphoto.com/ Trista Weibell, 3. fotolia.de/ Brian Jackson; **Seite 77:** 1. istockphoto.com/ Sean Locke, 2. istockphoto.com/ andreas balcazar, 3. fotolia.de/ den sorokin; **Seite 78:** 1. istockphoto.com, 2. istockphoto.com/ AHMAD FAIZAL YAHYA, 3. istockphoto.com/ Vladimir Ivanov; **Seite 85:** fotolia.de/ MS Sound; **Seite 90:** 1. fotolia.de/ Leonid Nyshko, 2. istockphoto.com/ Linda & Colin McKie, 3. pixelio.de/ Michael Bührke; **Seite 92:** fotolia.de/ Anna; **Seite 93:** 1. istockphoto.com/ Serguei Kovalev, 2. istockphoto.com/ Hadleigh Thompson, 3. istockphoto.com/ Robby Verschueren, 4. istockphoto.com; **Seite 101:** 1. Ingram Publishing RF, 2. MEV Verlag GmbH, 3. istockphoto.com/ Horst Gossmann; **Seite 102:** 1. pixelio.de/ Rolf Plühmer, 2. istockphoto.com/ Alain Couillaud, 3. istockphoto.com/ Doug Nelson, 4. Alno, 5. istockphoto.com, 6. istockphoto.com; **Seite 105:** 1. istockphoto.com/ Marcus Tuerner, 2. istockphoto.com/ Duncan Babbage, 3. istockphoto.com/ Bernd Klumpp, 4. Ingram Publishing RF; **Seite 110:** 1. istockphoto.com/ Sergey Kashkin, 2. istockphoto.com/ Oleksandr Gumerov, 3. istockphoto.com/ Lise Gagne, 4. istockphoto.com/ Sean Locke, 5. istockphoto.com/ Claudia Dewald, 6. istockphoto.com/ Lise Gagne; **Seite 111:** Avenue Images GmbH; **Seite 115:** pixelio.de/ pauline, 2. fotolia.de/ Tina Rencelj, 3. pixelio.de/ Thorsten Freyer, 4. PONS GmbH, 5. istockphoto.com/ Jostein Hauge, 6. istockphoto.com/ Scott Fichter; **Seite 116:** 1. istockphoto.com/ Monolinea, 2. fotolia.de/ Alain Besancon, 3. fotolia.de/ pgm, 4. fotolia.de/ rémy vallée; **Seite 120/ 121:** 1. istockphoto.com, 2. istockphoto.com/ Marcin Bania, 3. fotolia.de/ Taffi, 4. fotolia.de/ Michael S. Schwarzer, 5. fotolia.de/ kmit; **Seite 122:** 1. istockphoto.com/ Pieter Schockaert, 2. istockphoto.com/ Wojciech Krusinski, 3. istockphoto.com, 4. istockphoto.com/ ROBERTO ADRIAN, 5. istockphoto.com/ Thomas Polen, 6. istockphoto.com/ Louis Aguinaldo, 7. fotolia.de/ knostpix, 8. istockphoto.com/ Sharon Dominick, 9. istockphoto.com/ Amanda Rohde